Carl Georg Bruns

Die Unterschriften in den römischen Rechtsurkunden

Festschrift im Namen und Auftrage der Berliner Juristen-Fakultät

Carl Georg Bruns

Die Unterschriften in den römischen Rechtsurkunden
Festschrift im Namen und Auftrage der Berliner Juristen-Fakultät

ISBN/EAN: 9783743611115

Hergestellt in Europa, USA, Kanada, Australien, Japan

Cover: Foto ©Suzi / pixelio.de

Manufactured and distributed by brebook publishing software
(www.brebook.com)

Carl Georg Bruns

Die Unterschriften in den römischen Rechtsurkunden

Die

Unterschriften

in

den römischen Rechts-Urkunden.

Festschrift

im Namen und Auftrage der Berliner Juristen-Facultät

herausgegeben

von

Carl Georg Bruns

Doctor und Professor der Rechte, d. Z. Decan der jurist. Facultät, Geheimem Justiz-Rathe,
Mitgliede der Akademie der Wissenschaften in Berlin.

Berlin 1876.

Buchdruckerei der Königl. Akademie der Wissenschaften (G. Vogt).

Universitäts-Strasse No 8.

HERRN

CARL WITTE

DOCTOR DER RECHTE UND DER PHILOSOPHIE, GEHEIMEM JUSTIZRATHE, ORDENTLICHEM
PROFESSOR DER RECHTE UND ORDINARIUS DES SPRUCHCOLLEGIUMS IN HALLE, RITTER DES
ROTHEN ADLERORDENS II KL. MIT EICHENLAUB, DES KÖNIGLICHEN KRONENORDENS II KL.,
DES K. K. ÖSTERREICHISCHEN FRANZ-JOSEPHS- UND DES K. BAYERISCHEN S. MICHAELS-
ORDENS, COMMANDEUR DES K. SÄCHSISCHEN ALBRECHTS-ORDENS I KL. UND DES HERZOGL.
ANHALTISCHEN GESAMMTHAUS-ORDENS ALBRECHTS DES BÄREN I KL.

EHRENBÜRGER UND PATRICIER DER REPUBLIK S. MARINO, COMMANDEUR DES K. ITALIÄNI-
SCHEN S. MAURITIUS- UND S. LAZARUS-ORDENS, RITTER DES PÄPSTLICHEN PIUS-ORDENS,
OFFICIER DES GROSSHERZOGL. TOSKANISCHEN CIVILVERDIENST-ORDENS, MITGLIEDE VIELER
AKADEMIEN UND GELEHRTER GESELLSCHAFTEN

ZUM

SECHZIGJÄHRIGEN

JURISTISCHEN DOCTOR-JUBILÄUM

AM

20. AUGUST 1876.

Hochverehrter Herr Jubilar!

Es ist Ihnen durch seltene und glänzende Begabung gelungen, in einem Lebensalter die akademischen Würden zu erlangen, in welchem sonst nur wenige im Stande sind, die akademischen Studien auch nur zu beginnen. Sie haben dadurch das schöne Vorrecht erworben, jetzt noch in rüstigen Jahren die Wiederholung eines Jubelfestes zu feiern, die anderen nur selten und nur im höchsten Lebensalter zu Theil wird. Und wie reich ist das Leben, auf das Sie zurückblicken! Sie traten zu einer Zeit in den Kreis der Rechtswissenschaft ein, wo eben eine berühmte Stimme die Warnung an unsere Nation hatte ergehen lassen, nicht voreilig grosse Gesetzgebungen zu unternehmen, zu denen sie ohne tiefere, besonders historische, Erkenntniss ihres bestehenden Rechts noch keinen Beruf habe. Thatkräftig haben Sie Sich ihr angeschlossen und rüstig mit an der Ausbildung jener Erkenntniss gearbeitet. Jetzt sehen Sie die langsam gereifte Frucht der Erndte nahe, und wie Sie stets durch practische Thätigkeit mit den Bedürfnissen des Lebens in enger Berührung gestanden haben, tragen Sie jetzt dem grossen Werke der nationalen Gesetzgebung Ihre Hoffnungen vertrauensvoll entgegen. Dabei haben Sie die grossartige Entwickelung unserer nationalen Einheit, die unentbehrlich war für dieses Ziel, von ihren ersten idealen Anfängen bis zu ihrer jetzigen realen Durchführung in warmer vaterländischer Gesinnung mit durchlebt.

Wie Sie aber auch noch in einem anderen Gebiete der Wissenschaft die akademischen Würden erlangt und die Thätigkeit Ihres Lebens entfaltet haben, so haben Sie auch noch in einem andern Lande, dessen grösstem Dichter Sie Ihre Kräfte kritisch und exegetisch mit glänzendem Erfolge gewidmet haben, ein zweites geistiges Bürgerrecht gewonnen, und auch in ihm an der schweren Erringung seiner nationalen Einigung lebendigen und thätigen Antheil genommen. Auch hier sehen Sie mit freudiger Befriedigung das Ziel, welches Sie in Ihrer Jugend begeisterte, in glücklichem Erfolge erreicht.

Möchte Ihnen die allgütige Vorsehung Ihr so vielseitig angeregtes und bewegtes Leben mit der reichen Fülle seiner Erinnerungen noch lange in ungeschwächter Kraft erhalten.

Die Juristen-Facultät der Universität Berlin.

Bruns, d. Z. Decan. *Heffter. Beseler. Dernburg. Gneist. Berner. Hinschius. Brunner. Goldschmidt.*

Übersicht.

Im dritten Bande des Corpus inscriptionum latinarum sind von Mommsen die in Siebenbürgen seit dem Jahre 1786 allmählig aufgefundenen s. g. römischen Wachstafeln, tabulae ceratae, d. h. mit Wachs überzogenen und zur Beurkundung von Verträgen benutzten Holztafeln, die bisher nur zum Theil und nur zerstreut veröffentlicht waren, zum ersten Male vereinigt und mit neuer und gemeinsamer kritischer Revision herausgegeben[1]). Erst dadurch ist es möglich geworden, ihre Bedeutung für die römische Rechtskunde vollständig zu übersehen und einen breiteren Boden für weitere Untersuchungen, zu denen sie so vielfach Veranlassung geben, zu gewinnen.

Zu den Punkten, die schon bei einer oberflächlichen Durchsicht der Tafeln sofort auffallen, gehört die eigenthümliche Art der Vollziehung und Beglaubigung der Urkunden, dass sie nämlich nicht wie bei uns von den Parteien oder den Zeugen unterschrieben oder untersiegelt sind, sondern dass sie nur von aussen zugesiegelt sind und die Namen nur neben

---

[1]) C. I. L. vol. III p. 2, pag. 921—959. Es sind im ganzen 38 Tafeln; darunter aber nur 5 ganze Triptycha von 3 Tafeln; von 4 sind je 2 Tafeln da, von 16 je 1; davon sind aber 12 so beschädigt, dass kaum zu erkennen ist, wovon sie handeln; von den übrigen habe ich in meinen Fontes iur. rom. ant. p. 185—192 und p. 224 eine Handausgabe gegeben, und zugleich ein genaues Abbild eines ganzen Triptychon.

den Siegeln stehen. Es ist darauf schon wiederholt aufmerksam gemacht und namentlich die Beziehung zu den Zeugensiegeln bei den Testamenten näher besprochen[1]), jedoch nicht ohne mancherlei Irrthümer, weil die Consequenzen, die sich aus den Tafeln für die Behandlung der Unterschriften im römischen Rechte überhaupt ziehen lassen, bisher noch keiner eingehenden Untersuchung unterworfen sind.

Die Frage hat in neuester Zeit noch eine neue Anregung erhalten durch den merkwürdigen Fund von ähnlichen Wachstafeln, der im vorigen Jahre in Pompeji gemacht ist. Die Tafeln, die hier gefunden sind, scheinen[2]) zwar alle nur Quittungen über den Empfang verschiedener Zahlungen zu enthalten, indessen ist die Art der Ausstellung und Beglaubigung ganz dieselbe, wie bei den Siebenbürgischen Contracten, keine Unterschriften sondern nur Zusiegelung mit Angabe der Namen.

Diese Umstände haben mich veranlasst, einmal die ganze Frage von der Bedeutung und Anwendung der Unterschrift im römischen Rechte, im Privatrechte wie im öffentlichen, die in den Rechtsquellen in so sehr verschiedenen Fällen vorkommt, genau zu verfolgen, und zu versuchen, dadurch feste allgemeine Gesichtspunkte zu erlangen. Ich gebe die Resultate dieser Untersuchung in derselben Reihenfolge, wie mich die Nachforschungen darauf hinführten, wenn auch eine systematische Ordnung sie etwas anders gruppiren würde.

I.

Die Wachstafeln.

Die allgemeine Einrichtung dieser Tafeln, namentlich die Triptychenform, wird hier als bekannt vorausgesetzt. Sie erscheint uns etwas complicirt, indessen darf man darum nicht etwa glauben, dass die damit beurkundeten Verträge ganz besonders wichtige und eigenthümliche wären,

---

[1]) Das nähere darüber s. unten § IV.
[2]) G. de Petra, in: Nuova antologia di scienze. 30, 80—90. Die Tafeln sind noch nicht publicirt, doch habe ich sie selber in Neapel gesehen, und einzelne besondere Notizen hat mir Herr de Petra mit grosser Gefälligkeit mitgetheilt.

so dass man etwa daraus die Anwendung der complicirten Form erklären
könnte. Vielmehr sind die Verträge ganz gewöhnliche, ja sehr unbedeu-
tende, so dass man im Gegentheil sieht, dass die Form eine ganz allgemeine überall angewendete war. Es sind nämlich[1]):

> 4 Kaufcontracte, davon 3 über Sklaven, und zwar à 600,205,420 De-
> nare[2]);
>
> 1 über die Hälfte eines Hauses zu 300 Den.;
>
> 3 Dienstverträge über Arbeiten in den Bergwerken à 70, 70, 105 Den.;
>
> 1 Societätsvertrag mit Einlagen von 500 und 267 Den.;
>
> 3 Darlehnsscheine à 140, 60, 23 Den.;
>
> 1 Depositalschein zu 50 Den.;
>
> 1 Erklärung der Beamten eines collegium funeratitium über seine
> Auflösung wegen Mangels an Theilnahme.

Die einzelnen Verträge stehen nicht in der mindesten Beziehung
zu einander, sondern sind in verschiedenen Zeiten, zwischen den Jahren
131 und 167 n. Chr. und meistens auch von verschiedenen Personen geschlossen, so dass sie nur durch die gemeinsame Gegend der Entstehung
und der Auffindung in Verbindung mit einander gekommen sind. Man
sieht daraus, dass man nicht etwa besondere Singularitäten irgend einer
Art bei ihnen annehmen kann, sondern sie als einfache Beweise einer allgemeinen Rechtsübung jener ganzen Zeit ansehen muss. Denn wenn sie
auch sämmtlich aus einer entfernten und ablegenen Provinz des Reiches
stammen, so sind sie doch sämmtlich in so vollständig römischen Formen
und Begriffen abgefasst, dass man auch an eine besondere Provincial-
gewohnheit bei ihnen nicht denken darf.

Dies wird denn auch vollständig bestätigt durch die Pompejanischen Wachstafeln. Diese sind ein Jahrhundert älter, nämlich jedenfalls
älter als Pompeji's Zerstörung im J. 79 n. Chr., zum Theil aber schon
aus den Jahren 56 und 57. Sie sind im Inhalte, wie schon oben gesagt,
einförmiger, lauter Quittungen, und in der Abfassungsform einander sehr
ähnlich, oft gleichlautend, so dass der Unterschied hauptsächlich nur in

---

[1]) Ich führe hier nur die sicher erkennbaren an, die ich in die Fontes aufgenommen habe.

[2]) 1 Denar = 5¼ Sgr.

der Art der gezahlten Schuld liegt: ob auctionem, ob fullonicam, ob pasqua, ob vectigal publicum u. s. w. Die Beglaubigungsform ist indessen bei allen wesentlich dieselbe, wie bei den Siebenbürgischen Tafeln: keine Unterschriften, sondern Zusiegelung mit Beifügung des Namens.

Zur Feststellung des Thatbestandes bei der ganzen Form gehören noch folgende Punkte:

1. Die Namen, die neben den Siegeln stehen, sind in den Siebenbürgischen wie in den Pompejanischen Tafeln vielfach ganz offenbar nicht von verschiedenen Händen geschrieben sondern nur von einer Hand, und zwar von derselben, die auch den Text des Vertrages geschrieben hatte, und ohne die mindeste Andeutung oder sonstige Wahrscheinlichkeit, dass die Urkunde etwa nur eine blosse Abschrift einer anderen Originalurkunde wäre. Bei einzelnen wenigstens der Siebenbürgischen Tafeln ist die Verschiedenheit der Handschrift allerdings auch unverkennbar. Man sieht daraus, dass eigenhändige Beifügung des Namens möglich aber nicht nöthig war.

2. Unter den Siegeln und Namen der Zeugen finden sich regelmässig (und zwar in Pompeji wie in Siebenbürgen) auch die des Schuldners und, wo ein Bürge zugezogen ist, auch die von diesem. Sie unterscheiden sich von denen der Zeugen nur dadurch, dass sie immer unten am Ende unter denen der Zeugen stehen und meistens den Beisatz „ipsius debitoris, venditoris, fideiussoris" haben, während die Zeugennamen ohne Beisatz einfach im Genitiv neben den Siegeln stehen, ebenso wie auf den s. g. Militärdiplomen. Nur auf einer Tafel hat der Bürge, ein Grieche, genauer geschrieben:

$$\text{'Αλεξανδρ 'Αντιπατρι σενο(ν)δος αὐκτωρ}^{1)}\text{ σεγναι.}$$

Ob mitunter beide Contrahenten zugesiegelt haben, wissen wir nicht. Dass bei den Darlehns- und Kaufcontracten, von denen allein wir die Siegel haben, nur Einer zusiegelte, erklärt sich bei den ersteren daraus, dass bei ihnen überhaupt nur für den Empfänger eine Obligation entsteht. Aber

---

[1] „Secundus auctor" ist = fideiussor, wie man aus l. 4 pr. D. de evict. sieht, σεγναι = signavi. Dass die Griechen das lateinische mit griechischen Buchstaben schrieben, war später sehr häufig. S. z. B. die Urkunden bei Spangenberg, tab. neg. p. 203. 210. 216. 241.

auch die Kaufcontracte sind sämmtlich nur einseitig auf die Verpflichtung des Verkäufers wegen Eviction und heimlicher Mängel gestellt, während der Kaufpreis als gezahlt quittirt wird, so dass auch hier die Einseitigkeit der Verpflichtung die Einseitigkeit der Besiegelung erklärt. Auch der Societätsvertrag ist hauptsächlich nur auf die Verpflichtung des Einen socius gerichtet, namentlich ist nur für ihn die Schluss-Stipulation hinzugefügt. Indessen heisst es am Ende, dass „dua paria tabularum signatae sunt". Vielleicht war das zweite Exemplar zu Gunsten des andern socius, und dem entsprechend anders gefasst. Doch haben wir die Tafel mit den Siegeln und Namen hier nicht. Die Miethcontracte sind dagegen mehr zweiseitig gefasst, doch fehlen uns auch bei ihnen die Siegel und die Namen.

3. Die Zahl der Siegel und Namen ist meistens 7, bei den Darlehn 6, aber ohne Unterschied, ob Schuldner und Bürge dabei sind, oder nur ersterer, oder gar keiner. Man darf also nicht von 7 Zeugen sprechen, sondern nur von 7 Siegeln.

4. Unter dem Texte, getrennt von ihm, steht stets der Ort, meistens auch das Datum, in Siebenbürgen wie in Pompeji, mit dem Worte actum, z. B.   Actum Alburno etc.
                Actum Pompeis etc.
Das Datum fehlt dabei nur in denjenigen Tafeln, wo es gleich im Anfange des Contracts steht.

5. In einem Dienstcontracte[1]), von dem wir die Tafel mit den Siegeln nicht haben, stehen unter dem Texte und dem Orte noch 3 Namen in eigenthümlicher Weise in schräger Richtung gegen den Text, so:
                Actum Immenoso maiori.

Wie dies zu erklären ist, kann erst unten besprochen werden.

---

[1]) Bei Mommsen nro X., in meinen Fontes p. 191 nro 1.

Zuvörderst sind hier erst die allgemeinen Resultate festzustellen, die sich aus den bisherigen Thatsachen ergeben. So viel sieht man auf den ersten Blick, dass hier ein ganz wesentlich verschiedenes System der Schriftlichkeit und der Beglaubigung der Urkunden vorliegt, als wir es gegenwärtig haben. Von Namensunterschrift und „beigedrücktem Siegel" ist hier keine Rede. Die Siegel sind durchaus nur zu ihrem ursprünglichen realen Zwecke, nämlich zum zusiegeln, also zum sicheren Verschlusse der Schrift, angewendet. Von der heutigen idealen Verwendung zur Beglaubigung der eigenhändigen Unterschrift der Person ist noch keine Spur. Eben darum wird umgekehrt der Name neben das Siegel geschrieben: er hat nur den Zweck, die spätere Recognition des Siegels möglich zu machen. Darum ist es auch unwesentlich, dass jeder Zeuge seinen Namen selber schreibe, es kann auch einer für alle die Namen schreiben, es kommt nur darauf an, die Namen der Personen zu kennen, die gesiegelt haben, um sie event. zur Recognition ihrer Siegel zusammenrufen zu können.

Der ganze Zweck der schriftlichen Abfassung des Vertrages ist demnach nicht wie bei uns, dass die Parteien durch ihre eigenhändige Namensunterschrift, die sie später anerkennen oder abschwören müssen, zunächst ihren Willen und ihre Zustimmung zu dem Inhalte der Schrift förmlich erklären, zugleich aber auch den späteren Beweis gegen sich selber liefern sollen. Vielmehr ist das Princip nur, dass der Beweis des Abschlusses und des Inhaltes des Vertrages äusserlich durch die Zeugen und die Versiegelung begründet und eine Sicherung gegen Verfälschung des Inhalts des Vertrages, die ja bei den Wachstafeln leicht möglich war, hergestellt werde.

Zweifelhafter könnte die Frage sein, welche Bedeutung das Mitzusiegeln der Urkunde von dem Schuldner und seinem Bürgen hatte? Als Zeuge konnte er natürlich nicht mit angesehen werden, da das ja ein Zeugniss in eigener Sache gewesen wäre. Mommsen[1]) meint, es wäre im Interesse der Gläubiger geschehen, 'ut cautionem debitores comprobarent chirographo suo'. Allein damit würde der blos accessorischen Bei-

---

[1]) Im C. L. I. 3,923.

schrift des Namens neben das Siegel die principale Bedeutung einer Unterschrift unter die Urkunde beigelegt sein; diese Idee hätte aber nothwendig
zu einer andern Behandlung der Sache führen müssen, namentlich hätte
dann die Unterschrift in der zugesiegelten Hauptschrift stehen müssen,
da sie dort allein vor Zerstörung oder Fälschung sicher gewesen wäre.
Jedenfalls wäre dann die eigene Handschrift vom Schuldner absolut wesentlich und unerlässlich gewesen, während Mommsen selber es bei Urk.
VI für zweifellos hält, dass alle Namen, auch der 'ipsius venditoris', vom
Schreiber des ganzen Vertrags geschrieben sind.

Man wird daher auch hier die reale Bedeutung des Zusiegeln als
die Hauptsache ansehen müssen, auch giebt diese unzweifelhaft einen sehr
practischen Zweck an die Hand. Der Gläubiger bekam nämlich die Urkunde zum späteren Beweise in Besitz. Somit musste dem Schuldner
sehr daran liegen, jede Möglichkeit einer Fälschung dadurch zu verhindern,
dass die Urkunde nicht ohne seine Zustimmung geöffnet werden konnte.
Schon die Zusiegelung von den Zeugen hatte den Zweck, dem Gläubiger
die einseitige Eröffnung der Urkunde zur Vornahme von Fälschungen unmöglich zu machen. Bei der ganzen so eigenthümlichen Art des Zusiegelns der Tafeln, die unter Nero durch ein besonderes Gesetz geordnet war, sehen Tacitus und Paulus den Zweck nur darin, die Ächheit
der Urkunden zu sichern und Fälschungen zu verhindern[1]). Nun geben
aber die Siegel der Zeugen allein dem Schuldner keineswegs schon eine
volle Sicherheit; denn die Zeugen können mit dem Gläubiger colludiren,
ihn die Urkunde öffnen lassen und nach geschehener Fälschung sie selber
wieder zusiegeln. In Griechenland war daher Sitte, dass beide Contrahenten die Urkunde zusiegelten, und diese dann bei einem dritten unbe-
theiligten, namentlich einem Trapeziten, deponirten[2]). Dies war in Rom
nicht, vielmehr bekam hier wie bei uns der Gläubiger die Urkunde in
Besitz, allein gerade eben darum war es nothwendig, dass der Schuldner
zu seiner Sicherung die Urkunde neben den Zeugen mit zusiegelte. Dann
war die Eröffnung ohne Verletzung seines Siegels oder Durchschneidung

---

[1]) Suet. Nero 17: 'Adversus falsarios tunc primum repertum, ut etc'. Paulus
rec. sent. 2, 25, 6: 'ut exteriori scripturae fidem interior servet'.
[2]) Gneist, formelle Verträge. S. 448—454.

des Fadens nicht möglich, und damit wäre natürlich die ganze Beweiskraft der Urkunde aufgehoben gewesen.

Dasselbe Interesse hatte auch der Bürge, und zwar sowohl dem
Gläubiger als dem Hauptschuldner gegenüber; daraus erklärt sich von
selbst, dass er neben dem Hauptschuldner auch noch mit zusiegelte.

Dieses mit zusiegeln oder seine Siegel zu den andern hinzusetzen
ist das adsiguare, was in den Rechtsquellen öfter vorkommt. Es geschah
bei Minderjährigen von ihrem tutor oder curator, für Sklaven vom dominus, für servi publici vom curator civitatis. So heisst es:

> Inter pupillos — divisio facta est praesente tutore sed non
> adsignante instrumento divisionis [1]), —
> — frustra vereris, ne ex ea intercessione, qua signasti ut
> curator, — officio curatoris conveniri possis [2]).
> — servus — scripsi coram subscribente et adsignante
> domino meo — [3])
> Cautiones servorum publicorum — si curatorum adsig-
> nantium — auctoritate subnixae sunt [4]).

Ebenso heisst es in der Schenkung der Statia Irene [5]):

> Statia Irene donationi — subscripsi et atsignavi.

Auch von den Zeugen wird es gebraucht:

> — frustra ex eo, quod (pater tuus) tabulas obligationis ut
> testis adsignavit, conveniris [6]).

Es ist nun auf die schon oben (S. 42) berührte Frage einzugehen,
wie die drei Namensunterschriften in der einen Urk. (X) zu erklären sind.

Bei näherer Prüfung der Unterschriften fällt es sofort auf, dass
der dritte der drei Namen, Memmius Asclepi, derselbe ist, wie der des
im Kontracte genannten Schuldners. Die beiden anderen Namen aber,

---

[1]) D. 26, 8, 20.
[2]) C. 5, 37, 15.
[3]) D. 45, 1, 126, 2.
[4]) C. 11, 39, 1.
[5]) Fontes, p. 182 v. 25.
[6]) C. 8, 41, 6.

'Socratio Socrationis' und 'Titus Beusantis, qui et Bradua' sind dieselben, wie in den beiden andern Dienstcontracten die der Dienstherren[1]). Danach kann man wohl kaum zweifeln, dass der unterschriebene Memmius Asclepi wirklich der Schuldner ist, und die beiden andern die Zeugen sind. Dann liegt es allerdings sehr nahe, hier vollständig das Princip der modernen Namensunterschrift angewendet zu sehen. Allein dies wird zunächst in Betreff des Schuldners einfach dadurch unmöglich, dass es im Eingange des Contractes heisst:

Flavius Secundinus scripsi rogatus a Memmio Asclepi, quia se litteras scire negavit, it quod dixit, se locasse etc.

Also der Schuldner, ein einfacher Grubenarbeiter, konnte überhaupt nicht schreiben, und hat daher auch seinen Namen nicht unterschrieben. Wollte man sagen, der Mann habe doch vielleicht wenigstens seinen Namen schreiben können, wenn auch sonst nichts, so bedarf es nur eines Blickes auf die Abzeichnung bei Mommsen, oder noch besser auf die Original-Photographie bei dem ersten ungarischen Herausgeber, Finály[2]), um sich sofort zu überzeugen, dass die Unterschrift nicht von einem des Schreibens unkundigen Bergmanne herrührt, sondern einfach nur von dem Schreiber des ganzen Contractes. Man kann auch nicht annehmen, einer der beiden andern haben für ihn unterschrieben und beide hätten dies bezeugt, so wie es später oft geschah. Denn dann müsste das dabei bemerkt sein, und jedenfalls hätte dann der Name des Schuldners vorangeschrieben werden müssen, während er hier der letzte ist. Die Namen sind daher offenbar, wenn es überhaupt Zeugen und Schuldner sind, nur nach demselben Principe geordnet, wie auch auf der Aussenseite der Tafeln stets die Zeugen voranstehen und der Schuldner den Schluss macht. Wirkliche Zeugenunterschriften kann man hier aber überhaupt nicht annehmen, denn abgesehen davon, dass Zeugen, (wie sich unten zeigen wird) wenn sie überhaupt unterschrieben, nicht anders schrieben als „Ego N. N. testis subscripsi", so sagt Finály, und die Photographie bestätigt es, dass auch diese beiden Namen nicht eigenhändig von den Leuten selber son-

---

[1]) Denn das „Socratio Socatis" ist wohl sicher nur entweder Abkürzung oder Corruptel für „Socrationis".

[2]) In: Az Erdelyi Museum-Egylet Evkönyei. 1, 84 ff.

Abh. der philos.-histor. Kl. 1876. Nr. 3. 2

dern gleichfalls von dem Schreiber des Contractes geschrieben sind. An sich wäre dieses ja, wie oben gezeigt ist, nichts ungehöriges und auffallendes. Die Frage wäre nur wieder, warum die Namen hier unter den Contract geschrieben sind, da es doch weder bei den beiden andern Dienstcontracten noch bei irgend einem der andern Contracte geschehen ist? Finály nimmt an, dass die Tafel gar nicht zu einem Triptychon gehört habe, sondern nur eine Abschrift vom Original gewesen sei; er folgert es daraus, dass der ganze Contract auf Einer Seite stehe, (sonst immer auf zwei vertheilt) das Datum voran geschrieben sei, und die Tafel auf beiden Seiten stark beschmutzt und lädirt gewesen sei, also offenbar auf keiner einen Schutz gehabt habe. Allerdings würde sich daraus die blosse Aufführung der Namen die bei den Siegeln gestanden hätten, erklären, und vielleicht auch die sonderbare schräge Stellung derselben, indem man die nicht zum Text gehörigen Namen auch äusserlich davon trennen wollte. Die geringe Zahl würde nichts schaden, da die Zahl überall wechselt, eine feste Vorschrift darüber gar nicht existirte, und die Arbeiter mit den beiden andern Dienstherren sich schon begnügen mochten. Für die Annahme einer blossen Abschrift spricht nun auch die auffallend kleine in einander gedrängte Art der Schrift, die deutlich die Absicht, mit Einer Tafel auszureichen, zu verrathen scheint. Denn bei den wirklichen Triptychen ist im Gegentheil die Schrift offenbar stets mit Absicht weitläufig angelegt, damit noch ein Theil des Contractes auf die zweite Tafel komme, was de Petra[1]) wohl mit Recht daraus erklärt, dass sonst die erste Seite der zweiten Tafel, auf deren zweiter Seite die Siegel standen, ganz leer geblieben wäre, und die Siegel daher ohne alle unmittelbare Verbindung mit der Contractsschrift gewesen wären. Dagegen kann aus der Stellung des Datums kein Grund für die Annahme einer Abschrift entnommen werden, da dieses auch in andern Tafeln, namentlich mehreren Pompejanischen, am Anfang der Urkunde geschrieben ist.

Wollte man aber der Annahme einer Abschrift nicht beistimmen, und die Tafel als ein Originalstück eines Triptychon ansehen, so würde man, da an wirkliche Unterschriften keinenfalls zu denken ist, in den

---

[1]) A. a. O. p. 82. 83.

Namen vielleicht den Anfang von dem zu sehen haben, was man später die „notitia testium" nannte, d. h. eine einfache Zusammenstellung der Namen der Zeugen, die von dem Schreiber der Urkunde beigefügt wurde. Sie findet sich in den Urkunden des fünften und sechsten Jahrhundert ganz allgemein[1]), und gewiss mit Recht hat Huschke[2]) daraus auch schon die Namen am Schlusse der donatio Syntrophi[3]) erklärt. Auffallend im vorliegenden Falle bliebe nur immer, dass sie in dem verschlossenen Theile des Triptychon gestanden hätten. Der Zweck dabei könnte wohl nur der gewesen sein, bei der späteren Entsiegelung der Urkunde durch die Übereinstimmung der inneren und äusseren Namen eine gewisse Verstärkung oder Sicherung der Beweiskraft zu gewinnen. Eine allgemeine Sitte wäre das keinenfalls gewesen, da sie sich auf keiner andern Tafel findet.

Unter diesen Umständen liefern die Siebenbürgischen und Pompejanischen Wachstafeln eine feste und zweifellose Grundlage zur Entscheidung der alten Streitfrage über die Unterschriften in den Rechtsurkunden der Römer. Schon im siebzehnten Jahrhundert war der Streit darüber sehr lebhaft, namentlich hat Salmasius die Ansicht sehr eifrig vertheidigt, dass unsere modernen Namensunterschriften den Römern völlig unbekannt gewesen seien[4]). Seine Beweisführung ist nur zu unvollständig, als dass sie die Frage dauernd hatte entscheiden können. Seine Ansicht ist daher heutzutage wenigstens bei den Juristen fast gänzlich in Vergessenheit gekommen. Nicht nur Spangenberg nimmt sowohl in seinem bekannten Werke über den Urkundenbeweis als in den 'Tabulae negotiorum' ganz unbedenklich an, dass die eigenhändige Namens-Unterschrift der Parteien in Rom „gewiss seit den ältesten Zeiten wesentlich erforderlich" war[5]), sondern ebenso findet sich dieselbe Ansicht für die

---

[1]) Fälle finden sich in Marini, pap. diplom. in Menge, Beispiele s. in Spangenberg, tab. neg. p. 129. 162. 212. 217. 230. 242. 278. 281.

[2]) T. Fl. Syntrophi donat. instr. 1838, p. 51.

[3]) Fontes, p. 184, v. 25.

[4]) Zuerst in der Schrift de modo usurarum, 1639, c. 11, und dann zur Abwehr gegen Desiderius Heraldus in dem Tractatus de subscribendis et signandis testamentis. 1648. ·

[5]) Spangenberg, Lehre vom Urkundenbeweise (1827) 1, 208. 306. Jur. rom. tabulae negot. (1822) p. 36.

2*

inscriptio und subscriptio im Criminalprocesse bei allen Criminalisten
wieder; Huschke[1]) hat sich selbst durch die Wachstafeln, wenigstens die erste, in der Annahme der Unterschreibung und Untersiege-
lung der Mancipationsurkunden nicht irre machen lassen; und selbst
Gneist[2]), der Spangenbergs Ansicht für die ältere Zeit verwirft,
nimmt sie doch schon für die spätere Republik und vollständig für die
Kaiserzeit wieder an, erkennt jedoch an, dass man bei dem Worte subscriptio „nicht immer“ an einfache Namensunterschrift zu denken habe.

Sehr energisch ist dagegen von philologischer Seite wenigstens
durch Mommsen der entgegengesetzten Ansicht Ausdruck gegeben, wenn
er sagt[3]): „es autem debitoris futuri subscriptio, quae hodie obtinet, cum
ab antiquo usu abhorreret“ etc. Auch hat derselbe schon früher[4]) von
diesem Standpunkte aus über die Subscription und Edition der Rechtsurkunden bei den Römern einige Bemerkungen gegeben, jedoch ohne die
Sache genauer auszuführen, so dass dadurch einer vollständigen Untersuchung darüber nicht vorgegriffen ist.

Um einen festen Ausgang für diese Untersuchung zu gewinnen,
scheint es passend die Bedeutung der Frage noch einmal im allgemeinen
hinzustellen. Die Sitte, durch einfache Unterschreibung des Namens Urkunden zu vollziehen, anzuerkennen, zu beglaubigen u. s. w., ist bei uns eine
so allgemeine und weit verbreitete, dass Jedermann unter einer Unterschrift von selber überhaupt gar nichts anderes denkt und versteht, als
eben eine Namensunterschrift, und etwas unterschreiben einfach bedeutet,
seinen Namen darunter schreiben. Danach muss es in hohem Grade
auffallend erscheinen, dass eine solche Sitte den Römern völlig unbekannt
gewesen sein soll. Man darf auch, um den Gegensatz vollständig zu wür-
digen, die heutige Bedeutung der Namensunterschrift nicht auf den pro-
cessualischen Beweis beschränken. Sie greift viel weiter. Wie man bei
den Urkunden überhaupt zwischen Dispositiv-Urkunden und reinen Be-
weis-Urkunden unterscheidet, so hat auch die Namensunterschrift eine

---

[1]) Zeitschr. f. gesch. Rechtsw. 12, 203—4.
[2]) Die formellen Verträge des röm. Rechts. S. 350—5.
[3]) C. I. L. 3, 922.
[4]) Berichte üb. d. Verhandl. d. Sächs. Ges. d. Wiss. 3, 372.

doppelte Bedeutung. Sie ist nicht blos Beweismittel sondern auch Willenserklärung:

1. Alle Aufschreibungen, durch die man eine rechtliche Verfügung oder Disposition irgend einer Art treffen will, erhalten bei uns stets nur erst durch die Namensunterschrift wirkliche rechtliche Kraft, der Act des Unterschreibens selber enthält erst die definitive Erklärung des Willens. Was man unterschreibt, will man, ohne die Unterschrift bleibt die Schrift nur ein Entwurf. Dies gilt gleichmässig im öffentlichen Rechte, bei Gesetzen wie bei Verfügungen, Erlassen, Entscheidungen des Regenten oder der Behörden und Beamten, und im Privatrechte bei Verträgen, Testamenten, Wechseln, Protesten u. s. w. Allerdings hat die Erklärung des Willens durch Unterschrift zugleich die Bedeutung, dass dadurch der Beweis des Willens geführt und gesichert werden soll. Allein natürlich ist der Wille selber die Hauptsache und der Beweis nur die Folge.

2. Reine Beweisurkunden sind solche, die nur für irgend welche bereits geschehene Thatsachen die sonstigen Beweismittel schriftlich enthalten, nämlich entweder Geständnisse (wozu auch Quittungen, Empfangsscheine u. dgl. gehören), oder Zeugnisse oder Gutachten. Auch bei diesen ist Princip, dass sie nur durch die Namensunterschrift Beweiskraft erhalten, dass aber die blosse Namensunterschrift, wenn sie anerkannt oder bewiesen ist, ohne allen weiteren Zusatz von selber den Beweis liefert, dass man den Inhalt der Schrift gesteht, bezeugt u. s. w.

Fasst man beide Arten von Urkunden zusammen, so ist das allgemeine Princip, dass die Unterschreibung des Namens unter eine Urkunde stets die stillschweigende Erklärung enthält, dass man den Inhalt der Urkunde, worin er auch bestehe, rechtlich auf sich nimmt, wie wenn man ihn mündlich ausdrücklich erklärte; negativ ist damit umgekehrt der Satz verbunden, dass jede Scriptur, die man nicht unterschrieben hat, noch unvollständig ist, und noch keine rechtliche Kraft hat.

Dieses ganze Princip nun, sowohl nach der positiven als nach der negativen Seite, ist den Römern vollständig unbekannt. Sie halten einerseits die Unterschrift des Namens nicht für nöthig, andrerseits genügt ihnen der blosse Name nicht. Wenn sie überhaupt eine Unterschrift fordern, so verlangen sie stets eine eigentliche Erklärung, wenn es auch weiter nichts wäre, als z. B.: 'Ego N. N. subscripsi', und die Ausdrücke

subscribere und subscriptio bedeuten daher niemals eine blosse Namensunterschrift, sondern stets nur eine mehr oder weniger ausführliche Erklärung, die unter einen anderen Schriftsatz geschrieben ist. Erst im
byzantinischen Rechte findet sich eine Annäherung an das moderne Princip. Bei der näheren Begründung dieser Ansicht ist es nöthig, die verschiedenen Arten der Urkunden zu trennen, namentlich die des öffentlichen Rechts und die des Privatrechts. Bei den ersteren sind wieder
zu trennen die Subscriptionen bei den Criminalanklagen, und die bei den
Verfügungen der Beamten und der Kaiser. Bei den Privaturkunden sind
die Testamente und Verträge zu unterscheiden.

II.
Die Subscription bei den Criminal-Anklagen.

Der älteste Fall, bei dem eine subscriptio in technischem Sinne im
römischen Rechte vorkommt, ist das 'in crimen subscribere' bei den Criminalanklagen. Es findet sich schon bei Cicero als fester technischer Begriff, und zwar in doppelter Weise, für den eigentlichen Ankläger und
für seine Gehülfen. Die Hauptanwendung ist bei dem ersteren. Allerdings haben wir darüber von Cicero selber nur eine einzige Stelle,
nämlich de invent. 2, 19, wo er von den Veränderungen der Anklage im
Processe spricht und dabei als Beispiel anführt:

— ut in quodam iudicio, quum venefici cuiusdam nomen
esset delatum et, quia parricidii causa subscripta esset,
extra ordinem esset acceptum.

Er sagt, dass wenn hier kein parricidium bewiesen werde, die
ganze Anklage fallen müsse,

— quoniam et id causae subscriptum, et ea re nomen
extra ordinem sit acceptum.

Dass hier der Begriff der subscriptio als ein fester technischer vorausgesetzt wird, ist klar, und wird dann auch durch spätere Zeugnisse bestätigt, so:

Ascon in Milon. 49.

Accusatus est (Saufeius) lege Plautia de vi, subscriptione
ea, quod loca publica occupasset et cum telo fuisset —

Gellius 4, 2. 4. 1

Cum de constituendo accusatore quaeritur iudiciumque super
ea re redditur, cuinam potissimum ex duobus pluribusve ac-
cusatio subscriptiove in reum permittatur, ea res — 'divinatio' appellatur.

und besonders in der bekannten Satire des Seneca auf den Kaiser Claudius[1]), wo dieser in der Unterwelt von Pompejus bei Aeacus angeklagt
und der Process so beschrieben wird:

Is (Aeacus) lege Cornelia, quae de sicariis scripta est, quae-
rebat. Postulat (Pomp.), nomen eius (Claudii) recipiat; edit
subscriptionem: occisos senatores XXXV, equites roma-
nos CCXXI.

Auch die Stelle von Seneca de benef. 3, 26 gehört hierher, wo dieser
von der Vorbereitung einer perfiden Anklage aus der Zeit des Tiberius
erzählt:

— quum Maro convivas testaretur, admotam esse (Tiberii)
imaginem obscaenis, et iam subscriptionem componeret,
etc.

Bestritten ist, was subscriptio in diesen Stellen bedeute. Dass irgend
etwas unter irgend etwas anderes geschrieben sein muss, folgt aus dem
Worte. Gewöhnlich[2]) nimmt man an, der Prätor habe über die Anklage
ein Protokoll aufgesetzt, und dieses habe der Ankläger unterschrieben,
und zwar im heutigen Sinne einfach mit seinem Namen. Allein schon
die Stelle von Cicero zeigt deutlich, dass nicht der Name unterschrieben
ist, sondern 'causa accusationis subscripta est'. Ebenso geht die subscriptio bei Asconius und Seneca auf den Grund der Anklage, und

---

[1]) Apoloc. 14.
[2]) Birnbaum im N. Arch. f. Crim.-R. 9, 362. Geib, Crim.-Proc. 287. Rudorff, Rechtsgesch. 2, 430. Gneist, formelle Vertr. 350—1.

das 'componere subscriptionem' in der letzten Stelle hätte vollends für Namensunterschrift gar keinen Sinn.

Hiernach kann darüber wohl kaum ein Zweifel sein, dass die subscriptio jedenfalls in der genauen Bezeichnung des Verbrechens, wegen dessen man Anklage erheben wollte, bestand. Zweifelhaft ist, unter was für eine Schrift diese subscriptio geschrieben werden musste. Für Seneca's Zeit zeigen zwar die Ausdrücke 'componit' und 'edit subscriptionem', dass man sie für sich aufschrieb und dann dem Prätor überreichte, allein ursprünglich muss doch ein wirkliches 'subscribere' stattgefunden haben. Wir haben darüber zwar keine weitere Angaben, doch kann man sich die Sache nach den bekannten Einleitungsformen der Criminalprocesse ziemlich sicher denken. Den Anfang macht die postulatio (sc. ut nomen rei recipiatur), d. h. der Antrag auf Annahme der Anklage, dann folgt bei Concurrenz mehrerer Ankläger die divinatio behufs der Auswahl, darauf die nominis delatio und receptio. Zwischen diese delatio und receptio fällt nun die subscriptio. Man sieht das deutlich aus der Stelle von Cicero, wo es erst heisst: 'venefici nomen delatum', dann 'parricidii causa subscripta', und darauf 'ea re nomen acceptum'. Wenn es bei Seneca kürzer heisst: 'postulat, nomen recipiat, edit subscriptionem,' so bedeutet das nicht, dass die subscriptio nach der receptio folge, sondern dass sie dieselbe begründen solle. Durch die subscriptio verpflichtete sich der Ankläger, die Anklage durchzuführen und unterwarf sich damit event. den Nachtheilen der falschen Anklage. Daher musste sie der nominis receptio, durch welche die Anklage definitiv constituirt wurde, voraufgehen. Noch in den Pandekten[1]) heisst es:

> praecedere debet in crimen subscriptio, quae res ad id inventa est, ne facile quis prosiliat ad accusandum, cum sciat, inultum sibi non futurum.

In welcher Form nun die nominis delatio, der die subscriptio folgte, vollzogen wurde, wissen wir zwar nicht, doch lässt sich aus einer Stelle von Cicero[2]):

---

[1]) D. 48, 2, 7.
[2]) Wir kennen sie nur aus Ascon. in Corn.

Postulatur apud me praetorem primum de pecuniis repetundis —

und von Seneca [1]):

Postulavi ut praetor nomen eius reciperet lege inscripti
maleficii.

wohl entnehmen, dass die nominis delatio nur unter allgemeiner Bezeichnung des betreffenden Gesetzes und Verbrechens geschehen musste, und darauf deutet es auch, wenn es in der lex Acilia de repetundis mehrfach heisst:
'quoius nomen ex hac lege delatum erit', und einmal: 'quoius nomen
praevaricationis caussa delatum erit'. Danach wäre das Verhältniss von
delatio und subscriptio, dass die erstere den Namen des Angeklagten und
das Verbrechen im allgemeinen bezeichnete, die letztere die Thatsachen
der Anklage specieller angab. Ob die nominis delatio auch mit dem
Worte 'inscriptio' bezeichnet wurde, wie nach der Stelle von Seneca
scheint, und ob sich darauf auch der Ausdruck 'nominis inscriptio' bei
Cicero p. domo c. 20 bezieht, lasse ich dahin gestellt. Ausser Zweifel
ist jedenfalls, dass über die Einleitung der Anklage, die postulatio und
die nominis delatio, zu Cicero's Zeit stets schriftliche Aufzeichnungen
gemacht wurden. Abgesehen von den Ausdrücken in- und subscriptio
sieht man das aus den Worten Cicero's pro Cluentio, c. 31: 'haerebat
in tabulis publicis reus et accusator'. Zumpt [2]) meint sogar, der Ankläger selber schon habe die nominis delatio schriftlich einreichen müssen.
Indessen ist das ohne allen Beweis und passt nicht zu dem obigen Be-
griffe der subscriptio; dieser lässt sich nur so denken, dass unter die
von irgend einem anderen in tabulis publicis geschriebene nominis delatio
der Ankläger selber seine subscriptio geschrieben habe, worauf dann der
Prätor die nominis receptio einschrieb oder einschreiben liess. Nur so
hat die Unterscheidung von delatio und subscriptio einen Sinn und erklärt sich das 'haerebat in tabulis publicis reus et accusator'.
Durch Augustus oder wenigstens in der Kaiserzeit wurde dies
anders, indem in der lex Iulia iudiciorum publicorum die Erhebung der
Anklage durch eine Anklageschrift vorgeschrieben oder wenigstens allge-

---

[1]) Controv. 3. procem.
[2]) Criminalproc. S. 145.

mein gestattet wurde. Die Schrift heisst „libellus inscriptionis" und wurde den Beamten übergeben (depouere)[1]. Der Name erinnert an die alte nominis inscriptio; indessen war sie doch anders. Paulus sagt von ihr[2]:

> Libellorum inscriptionis conceptio talis est: „Consul et dies. Apud illum praetorem Lucius Titius professus est, se Maevium lege Iulia de adulteriis ream deferre, quod dicat, eam cum Gaio Seio in civitate illa, domo illius, mense illo, consulibus illis, adulterium commisisse".

Man sieht sofort, dass hier die alte nominis delatio oder inscriptio und die alte subscriptio, d. h. die allgemeine und die specielle Bezeichnung der Anklage, miteinander verbunden sind. Wenn der Ankläger daher selber einen solchen libellus inscriptionis einreichte, so konnte er unmöglich nachher noch eine subscriptio im alten Sinne darunterschreiben. Trotz dem verschwindet der Begriff und Ausdruck „in crimen subscriptio" nicht, sie bekommt nur eine andere Form. Paulus fügt nämlich in § 3 hinzu:

> Item subscribere debebit is, qui dat libellum, so professum esse, vel alius pro eo, si litteras nesciat.

Also der Ankläger muss selber, oder durch einen andern, unter die Inscription schreiben, dass er die 'professio', die den Inhalt der inscriptio bildet, gemacht habe. Damit treten dann aber für ihn alle die Folgen der alten subscriptio ein[3]. Die Erklärung dafür ist offenbar folgende: Die genaue Formulirung eines so abgefassten libellus inscriptionis kann unter Umständen schwierig sein; darum braucht ihn der Ankläger nicht selber abzufassen, sondern kann dass durch einen Sachverständigen thun lassen, muss ihn aber dann unterschreiben und damit die Anklage, wie durch die alte in crimen subscriptio, auf seine Person nehmen.

Die Form dieser neuen subscriptio ist nicht angegeben. Sie war natürlich kürzer als die alte subscriptio, weil ja nun die causa accusationis in der inscriptio stand. Dass sie indessen doch nicht eine blosse Namens-

---

[1] D. 48, 5, 2, 8. C. 9, 1, 1. 19; 9, 45, 1.
[2] D. 48, 2, 3 pr.
[3] Inscriptio und subscriptio werden daher später promiscue gebraucht. C. 9, 1, 1—3. 10. 12. 19.

unterschrift war, sieht man aus den Worten: 'subscribere debebit, se professum esse'. Danach bestand sie jedenfalls in irgend einer ausdrücklichen Erklärung, dass man die oben in der inscriptio stehende Profession für seine Person gemacht haben und auf sich nehmen wolle. Rudorff[1]) meint, es habe das unter Beifügung einer „Verpflichtung zu gleicher Succumbenzstrafe" geschehen müssen, indessen ist das nirgend angedeutet und war an sich nicht nöthig, da die Strafen der falschen Anklage von selbst nach dem Gesetze eintraten. Demnach würde nach heutiger Ansicht eine einfache Namensunterschrift unter die Anklageschrift unbedingt für genügend angesehen werden müssen, und wenn die Römer daher doch eine eigentliche Erklärung verlangen, so sieht man schon hier deutlich, wie ihnen eben der ganze Begriff der blossen Namensunterschrift überhaupt ein fremder war.

Es ist oben erwähnt, dass ausser der subscriptio des eigentlichen Anklägers auch Subscriptionen seiner Gehülfen vorkommen. Sie finden sich bei Cicero und sonst ausserordentlich oft. Die Gehülfen heissen danach einfach subscriptores[2]), z. B.

Cic. ad Qu. fr. 3,3.

Gabinium de ambitu reum fecit P. Sulla, subscribente privigno Memmio.

Cic. divin. 15.

— venit paratus cum subscriptoribus exercitatis et disertis. — Appuleium video proximum subscriptorem. — Quartum non video, nisi quem forte ex illo grege moratorum, qui subscriptionem sibi postularunt.

Vellei. 2, 69.

Capito Agrippae subscripsit in Cassium[3]).

---

[1]) Rechtsgesch. 2, 430.

[2]) Ps. Asc. in divin § 47: 'subscriptores dicuntur qui adiuvare accusatorem causidici solent'.

[3]) Andere Fälle siehe Ascon. in Milon. p. 48. Vellei. 2, 69. Geib. 322. Zumpt 68—9.

3*

In welcher Form diese Subscriptionen geschaheu, ist nirgend gesagt oder auch nur angedeutet. Wenn indessen die obige Ausführung über die subscriptio des Hauptanklägers richtig ist, so ist kaum zu zweifeln, dass auch hier nicht an eine einfache Namensunterschrift zu denken ist, sondern nur an eine vollständige Beitrittserklärung, die unter die subscriptio des Hauptanklägers von den Gehülfen selber geschrieben wurde.

Ganz zu trennen von diesen Subscriptionen bei Criminalanklagen ist die 'subscriptio censoria', die häufig, sogar von Geib und Rudorff[1]), mit ihnen vermischt ist. Von dieser allein handelt Cicero in der Rede pro Cluentio c. 42—47, namentlich bei den Worten § 131:

> Popillium, qui Oppianicum condemnarat, subscripsit L. Gellius (censor), quod is pecuniam accepisset, quo innocentem condemnaret.

Es ist darunter die Einschreibung der bekannten nota censoria in die Bürgerlisten, oder sonst wo, verstanden[2]). Dies zeigen besonders:

Livius, 39, 42.

— patrum memoria institutum fertur, ut censores motis e senatu adscriberent notas.

Ascon. in or. in toga cand. p. 75.

Antonium Gellius et Lentulus censores — senatu moverunt, causasque subscripserunt, quod socios diripuerit, quod iudicium recusarit, etc.[3]).

Daraus ist für die obigen Criminal-Subscriptionen gar nichts zu entnehmen.

---

[1]) Geib, 281 n. 63. Rudorff, 429 n. 6.
[2]) Mommsen, Staatsrecht 2, 355.
[3]) Ähnlich Gell. 4, 20: censor eum, quod intempestive lascivisset, in aerarios rettulit, caussamque hanc ioci scurrilis apud se dicti subscripsit.

III.

Die Subscriptionen bei den Gesetzen und den Verfügungen der Beamten.

Das moderne Princip, dass alle öffentlichen Verfügungen durch die Namensunterschrift des Beamten, von dem sie ausgehen, vollzogen werden müssen und nur dadurch rechtliche Kraft bekommen, ist den Römern in der Republik, vollständig fremd gewesen. Geht man die verschiedenen Arten von Verfügungen durch, so findet sich:

1. bei den Gesetzen keine Spur von Nothwendigkeit oder auch nur Üblichkeit einer Unterschrift der Beamten die ein Gesetz rogirt hatten. Der Name des Beamten kommt im Anfange des Gesetzes aber nicht am Ende. Wie es bei uns im Anfange heisst:

> „Wir Wilhelm — Deutscher Kaiser verordnen nach Zustimmung des Bundesraths und des Reichstags:"

so hiess es vollständig entsprechend in Rom:

> T. Quinctius — consul de senatus sententia populum rogavit populusque scivit:

Allein wenn es bei uns am Schlusse der Gesetze heisst:

> „Urkundlich unter Unserer Höchsteigenhändigen Unterschrift und beigedrucktem kaiserlichen Insiegel.
> (L. S.) Wilhelm."

so ist davon bei den römischen Gesetzen keine Spur. Sie hören einfach mit dem letzten Satze auf. Eine eigentliche Vollziehung durch den rogirenden Beamten, wie bei uns durch den Regenten, war freilich weder nöthig noch auch nur möglich, weil die Gesetze mit der Abstimmung des Volkes ganz von selber in volle gesetzliche Kraft traten. Allein eine Unterschrift von dem betreffenden Beamten zur Sicherung und Beglaubigung der einzelnen Sätze des Gesetzes wäre doch jedenfalls zweckmässig, ja

eigentlich recht nöthig gewesen; denn dass ihr Mangel einen wirklichen
Übelstand bildete, zeigen die Klagen von Cicero[1]), wenn er sagt:

> Legum custodiam nullam habemus; itaque hae leges sunt,
> quas apparitores nostri volunt; a librariis petimus, publicis
> litteris consignatam memoriam publicam nullam
> habemus.

Man half sich zwar einigermassen durch die archivalische Deposition der
Gesetze[2]), allein ohne ein mit Unterschrift versehenes Originalexemplar
war auch diese nicht ausreichend. Man sieht das schon daraus, dass im
J. 692 ein eigenes Gesetz gegeben wurde, „ne clam aerario legem inferri
liceret"[3]). Von den Senatusconsulten sagt Cicero[4]), dass mehrfach
'falsa' oder 'nunquam facta ad aerarium deferebantur', und Plutarch[5])
erzählt von Cato, dass er bei Zweifeln über die Ächheit eines Senatusconsultes nicht nur Zeugen vernommen sondern die im SC. selber genannten Consuln selber die Ächheit habe beschwören lassen. Unmittelbare Beweise für den Mangel der Unterschrift bei den eigentlichen Gesetzen
haben wir freilich nicht, da uns von keinem einzigen Gesetze der Republik der Schluss im Originale überliefert ist. Doch findet sich wenigstens
in der bei Frontinus[6]) vollständig überlieferten lex Quinctia[7]) keine
Unterschrift, und ebensowenig auf der Erztafel in Rom, die den Schluss
der lex de imperio Vespasiani enthält.

2. Dass die Senatusconsulte keine Unterschrift hatten, geht
schon aus den obigen Angaben hervor und wird durch die mehrfachen
Senatusconsulte aus der Republik- und Kaiserzeit, die wir vollständig mit
dem Schlusse haben[8]), bestätigt. Die Beamten kommen, wie bei den

---

[1]) de leg. 2, 20.
[2]) Vgl. darüber Mommsen, Staatsr. 2, 512—14. 459. 447. Annali del inst.
1858 p. 178.
[3]) Schol. Bob. p. 310.
[4]) Cic. ad fam. 12, 1. Philipp. 5, 4, 12.
[5]) Cato min. 17.
[6]) De aquis urbis Romae. c. 129.
[7]) Fontes p. 101.
[8]) Fontes p. 131. 133. 134. 137. 140. 145.

Gesetzen nur im Anfange, nicht am Ende. Für die Beglaubigung aber sind zwar diejenigen Senatoren, die „scribendo adfuerunt", d. h. die bei der Aufzeichnung des Senatbeschlusses zur Garantie der Richtigkeit anwesend waren [1]), stets genannt, aber nur im Eingange [2]), und von einer Unterschreibung des Senatbeschlusses durch sie oder gar einer Vollziehung desselben durch die Consuln mittelst Unterschrift ist gar keine Spur. Ebensowenig von einer sonstigen Beglaubigung. Dadurch werden die obigen Äusserungen über die falschen Senatusconsulte erklärlich.

Nur von einer anderen Art von Subscription findet sich hier eine Nachricht, nämlich von der Genehmigung der Senatsschlüsse durch die Volkstribunen, von der Valerius Maximus (2, 2, 7) sagt:

— veteribus senatus consultis C littera subscribi solebat, eaque nota significabatur, illa tribunos quoque censuisse [3]).

3. Den Senatsschlüssen ähnlich sind die Beschlüsse der Decurionen-Senate in den Gemeinden. Die Beamten und die, 'qui scribendo adfuerunt' [4]), werden zwar hier wie dort im Eingange aufgeführt, am Schlusse kommt aber nur wie bei den Senatsschlüssen das 'censuere', oder gar nichts, oder auch wohl die Zahl der Anwesenden, oder das Datum, nie aber die Namen der vorsitzenden Duoviri als eigentliche subscriptio. Wir haben zwar aus der Republik überhaupt nur Einen solchen Gemeindebeschluss, den das pagus Herculaneus [5]), indessen ist der negative Rückschluss aus den Formen der Kaiserzeit [6]) hier ganz untrüglich. In jenem decr. Hercul. stehen zwar am Ende 12 Namen, indessen lauter Freigelassene

---

1) Es sind in der Regel 3, jedoch bei dem einen SC. de Thisbaeis nur 2, bei dem de nundinis Beguensibus (Fontes, p. 145) scheinen es 7 gewesen zu sein, in einem SC. für Adramyttium sogar 33. Μουσεῖον τῆς εὐαγγελικῆς σχολῆς. Smyrna 1875, p. 137. 138. (Mittheilung von Hrn. Prof. Kirchhoff.)
2) Nur in dem einen SC. de ludis saecular. stehen sie am Ende. Fontes p. 138. II.
3) Vgl. Mommsen, Staatsr. 2, 269. n. 2.
4) Bei manchen heisst es hier: 'scr. adf. cuncti' oder 'universi'. Haubold, monum. legal p. 224. 244 v. 5.
5) C. I. L. 1, 161. n. 571.
6) Beschlüsse aus der Kaiserzeit s. bei Haubold, mon. leg. p. 179. 224. 232. 243. 262. Fontes p. 197 nro 1.

und keine Beamten, so dass darin nicht die Urheber des Beschlusses gesehen werden können, sondern nur die Mitglieder des in dem Decrete genannten 'collegium Iovei compagei'.

Auch officielle Schreiben der Gemeindebehörden an Private haben die gewöhnliche Briefform, wie man aus dem 'commentarium cottidianum municipi Caeritum'[1]) sieht, worin das referirte Magistratsschreiben nur die gewöhnliche Überschrift der Briefe hat:

Magistratus et decuriones Curiatio Cosano salutem.

und wie diese keine Unterschrift.

4. Bei den Staatsverträgen ist das zwar ausser Zweifel, dass sie aufgeschrieben, in Erztafeln gegraben und auf dem Capitol im Tempel des Jupiter aufgestellt wurden[2]). Im übrigen aber kennen wir ihre Formen nicht. Man nimmt zwar auch hier meistens Unterschrift von Beamten oder Fetialen an[3]), aber nur wegen einer Stelle von Livius (9, 5), wo dieser bei der Frage ob der Vertrag in den Caudinischen Pässen eine sponsio oder ein foedus gewesen sei, sagt:

Spoponderunt consules, legati, quaestores, tribuni militum, nominuque omnium, qui spoponderunt, exstant: ubi, si ex foedere acta res esset, praeterquam duorum fecialium, non exstarent.

Allein damit ist an sich nichts weiter gesagt, als dass die Namen der Sponsionten noch bekannt wären, und wenn man das exstare auch von der Anführung der Namen in dem Vertrage verstehen will, so folgt doch daraus ein Unterschreiben hier grade ebensowenig, wie bei den Gesetzen und den Privat-Verträgen. Auch bei anderen foedera, wo die Formen genauer und namentlich die Erztafeln erwähnt werden[4]) ist nie von Unterschriften die Rede. Namentlich sagt Dionys bei dem Bunde der latinischen Städte gegen Rom vom J. 258 nur:

---

[1]) Or. 3787.
[2]) Polyb. 3, 25. Suet. Vesp. 8.
[3]) Osenbrüggen, de iure belli ac pacis. p. 96 n. 6. Müller-Jochmus, Gesch. d. Völkerrechts. S. 188, n. 17.
[4]) Liv. 1, 24; 2, 33. Dion. 4, 26; 5, 61; 6, 95.

οἱ δ ἐγγραψάμενοι ταῖς συνθήκαις ταῦτα πρόβουλοι, καὶ τοὺς ὅρκους ὁμόσαντες, ἀπὸ τούτων τῶν πόλεων ἦταν ἄνδρες [1]).

Aus diesem ἐγγραψάμενοι ταῦτα lässt sich überhaupt keine Unterschrift entnehmen, ganz abgesehen davon dass das unterschreiben griechisch stets mit ἐπιγράφειν oder ὑπογράφειν ausgedrückt wird, nicht mit ἐγγράφειν.

5. Bei den amtlichen Schreiben, Verfügungen, Entscheidungen der Beamten selber finden sich Anfänge des Princips der amtlichen Unterschrift, aber keineswegs allgemein und keinenfalls mit der modernen Namensunterschrift, sondern nur in Subscriptionen verschiedenen Inhalts.

Die Urkunden, die uns aus der Zeit der Republik überliefert sind, haben noch gar keine Unterschriften, so die bekannten Schreiben der Consuln ad Teuranos über die Bachanalien, das ad Tiburtes, das decretum Pauli de Lascutanis, die sententia Minuciorum, auch die lex Furfensis templo dedicando [2]). Ebenso ist es aber auch noch in der Kaiserzeit bei den Edicten der kaiserlichen Präfecten, z. B. denen des Tiberius und Capito für Ägypten aus dem ersten Jahrhundert [3]), des Apronianus für Rom aus dem vierten Jahrhundert [4]), denen der christlichen Präfecten, die durch die Kirchenväter überliefert sind [5]), und denen der Justinianischen Präfekten, die sich zwischen Justinians Novellen (166—168) finden. In gleicher Weise in der Entscheidung des Proconsul Agrippa von Sardinien aus dem ersten Jahrhundert [6]), und den Rescripten der rationales Caesaris' über das Wärterhaus bei der Antoninussäule aus dem zweiten Jahrhundert [7]).

Zwar könnte man immerhin fragen, ob nicht die Unterschriften hier überall nur in unseren Überlieferungen weggelassen seien. Indessen wäre eine solche allgemeine Weglassung in den so verschiedenartigen Fällen, wenn die Beifügung zur Form gehört hätte, doch sehr unwahr-

---

[1]) i. e. viri principes, qui haec in foederibus scripserunt et iuramenta iurarerunt, ex his civithtibus fuere.

[2]) Fontes, p. 131—3. 133. 228—31. 84. C. I. L. 2, 699 n. 5041.

[3]) C. I. Gr. 3, 445 n. 4957.

[4]) Haubold, mon. leg. p. 292.

[5]) Haenel, corp. leg. p. 239. 247. 249.

[6]) Fontes, p. 231.

[7]) Fontes, p. 196 nro 2.

scheinlich. Keinenfalls war die Namensunterschrift zu einem amtlichen
Befehle eigentlich nöthig. Man sieht das aus einem Originalprotokolle in
den Ravennatischen Papyrus-Urkunden aus dem sechsten Jahrhundert,
also einer Zeit, wo, wie sich unten zeigen wird, das Unterschreibungs-
princip schon sehr weit vorgeschritten war. Hier bitten die Parteien um
abschriftliche Mittheilung des Protokolles. Darauf heisst es:

> Petrus Taurinus, Johannes (magistratus) dixerunt: „Gesta
> vobis — competens ex more edere curabit officium".

Darunter steht dann zweimal „Edantur", ohne beigefügten Namen, aber
wie man aus dem Facsimile bei Marini[1]) deutlich sieht, von zwei verschiedenen Händen geschrieben. Darunter kommt zum Schluss wieder
von einer anderen Hand:

> Fl. Severus exceptor[2]) — edidi.

Das 'Edantur' ist also der eigenhändig geschriebene Befehl der Beamten,
eine Namensunterschrift ist bei ihm nicht nöthig, der Name wurde dazu
aus dem vorhergehenden entnommen.

In der Kaiserzeit finden sich nun allerdings unzweifelhaft mehrfach
Subscriptionen von Beamten in den amtlichen Urkunden, indessen hat man
dabei wesentlich folgende Arten von Fällen zu unterscheiden:

1. Subscriptionen als Verfügungen auf fremden Schreiben;
2. Subscriptionen unter den eigenen Schreiben;
3. Subscriptionen zur Beglaubigung von fremden Urkunden oder
Protokollen.

1. Die Sitte, in Justiz- und Administrativsachen die Entscheidung
oder sonstige Verfügung sofort auf das eingereichte Gesuch zu schreiben,
die von den kaiserlichen Rescripten her sehr bekannt ist, war auch bei
den Beamten stets üblich, und geschah hier gewöhnlich durch eine subscriptio. Wir haben zwar wenig Anwendungen davon, doch heisst es z.
B. bei dem Verfahren über die potioris nominatio bei der Tutel in den
Vat. fr. 163:

---

[1]) Marini, pap. diplom. nro 74 und tab. 11.
[2]) Exceptores sind die Archivbeamten. Vgl. Bethmann-Hollweg, Civilproc. des
gem. Rechts. 3, 142. 153—6. 161.

litteras — reddere (debet) praetori, ut subnotet sua manu, quod volet.

Die allgemeine Übung ergiebt sich aber aus einem früher oft missverstandenen Gesetze von Constantin im C. 1, 51, 2:

Praesides non per adsessores sed per se subscribant libellis.

mit der scharfen Strafbestimmung:

quodsi quis adsessori subscriptionem inconsultis nobis permiserit, mox adsessor, qui subscripsit, exilio puniatur.

Nur auf die Subscriptionen in diesem Sinne beziehen sich die Bestimmungen, dass subscriptiones keine Rechtskraft haben und keine vorherige contradictorische Decrete aufheben können [1]).

Natürlich entsteht dabei auch wieder die Frage, welche Form diese Subscriptionen hatten, und ob sie nicht von dem Beamten selber mit seinem Namen unterschrieben werden mussten, da sie ja eigentlich nur eigene Urkunden des Beamten auf fremdem Papier enthalten. Wir haben darüber keine eigentliche Nachricht, wohl aber einen einzelnen Fall in einer interessanten Steininschrift vom J. 155 [2]). Die Inschrift besteht, wie so manche, aus einer Zusammenstellung verschiedener Actenstücke. Den Anfang macht ein Brief mit der Überschrift:

Velius Fidus Iuuentio Celso, collegae suo, salutem.

Darin wird über das Gesuch eines kaiserlichen Freigelassenen, Arrius Alphius, wegen eines Grabmales gesagt:

— Arri Alphii libellum tibi misi, — libellum subscriptum mihi remittas.

Dann kommt „exemplar libelli dati“, d. h. die Abschrift des Gesuches selber, in welchem es heisst:

---

[1]) C. 7, 57, 3. 5.
[2]) Bei Or. 4370. Mommsen (Leipz. Ber. 3, 374 n. 1) hat 115, wohl nur aus Versehen nach Haub. mon. leg. 246.

4*

> — rogo, domine, permittas mihi — in marmoreo sarco-
> phago corpora colligere.

Zum Schluss folgen die Worte:

> Decretum: Fieri placet. Iubentius Celsus promagister sub-
> scripsi.

Offenbar enthalten hier die Worte 'decretum — placet' die erbetene Genehmigung, also eine subscriptio in dem obigen Sinne, und zwar eben
die von dem Velius Fidus in den Worten 'libellum subscriptum' erbetene.
Das 'subscripsi' des Celsus bedeutet daher nicht im modernen ideellen
Sinne: „Ich habe unterschrieben“, sondern im antiken realen Sinne: „Vorstehende subscriptio habe ich geschrieben“. Das Decret ist übrigens nicht
mit Spangenberg[1]) wegen des voraufgehenden 'domine' auf den Kaiser
zu beziehen, sondern mit Mommsen[2]) und Henzen[3]) auf den 'proma-
gister in collegio pontificum'.

2. Von selbständigen eigenen Verfügungen der Beamten sind uns
nur wenige überliefert. Man sieht aus ihnen, dass bei allen Verfügungen,
die nicht in der Form von allgemeinen Edicten erlassen wurden, sondern
die in Schreiben an einzelne Personen, Gemeinden, Corporationen bestanden,
einfach die alte Form der Privatbriefe festgehalten wurde, mit der alten
inscriptio und subscriptio, d. h. oben die Namen des Addressanten und
Addressaten, unten keine andere Unterschrift, als der alte aus Cicero
bekannte Gruss, das 'Vale', von dem schon Ovid sagt: 'quo semper fi-
nitur epistula verbo', nur dass es allmählig etwas breiter ausgedehnt wird.
So heisst es in einer Inschrift vom J. 280 in einem Schreiben der 'XV
viri sacris faciundis' an den Magistrat von Cumae[4]), worin die Wahl eines
Priesters bestätigt wird, zum Schlusse:

> Optamus vos bene valere.

---

[1]) Tabulae neg. p. 361.
[2]) Berichte der Sächs. Ges. d. Wissensch. 3, 373.
[3]) Im Index zu Orelli. p. 45.
[4]) Or. 2263. Haubold, mon. leg. p. 266.

ebenso griechisch in einem Schreiben des Präses von Mösien an die Ty-
raner vom J. 201 [1]):

'Εῤῥῶσϑαι ὑμᾶς καὶ εὐτυχεῖν πολλοῖς ἔτεσιν εὔχομαι.

in einem Schreiben von Steuerbeamten an einen vicarius Africae vom
J. 314 [2]):

Optamus, te, frater, felicissimum bene valere.

in einem Erlasse eines Proconsuls an einen 'curator' und einen 'defeusor
civitatis' [3]):

Opto, bene valeatis.

in dem Erlasse eines Proconsuls an einen Bischof vom J. 420 in christlicher Frömmigkeit [4]):

Incolumem te domini favor praestet annis compluribus, domine pater merito honorabilis.

Endlich sind dabei noch die Unterschriften von zwei Schreiben anzuführ-
ren, die in einer Ravennatischen Papyrus-Urkunde vom J. 444 in ein
Protokoll aufgenommen sind [5]). Sie sind zwar nicht eigentlich von Beamten aber doch von einem 'vir illustris' an seine untergebenen 'actores' und
'conductores', und haben ohne dies an sich eine weiter gehende Bedeutung. Die erste ist hinter dem Inhalte des Briefes so beigefügt:

Et manu domini suscriptio: Opto multos annos bene valere.

die zweite so:

Item suscribtio: Opto, bene valete.

Die Stellen zeigen, dass der Ausdruck suscriptio technisch grade
für die Grussformel gebraucht wurde, und dass die Grussformel nicht
einen Theil des vom Schreiber geschriebenen Briefes ist, sondern als selbständige subscriptio nachher vom dominus darunter geschrieben wurde.

---

[1]) Fontes, p. 177.
[2]) Spangenberg, tab. neg. p. 363.
[3]) Spangenberg, tab. neg. p. 379.
[4]) Haenel, corpus legum p. 240.
[5]) Marini, pap. diplom. nro 73. Spangenberg, tab. neg. p. 370. 371.

Es wird dadurch die Annahme von Mommsen bestätigt, dass man allgemein jedes Schreiben, auch wenn man es dictirt hatte, doch wo möglich eigenhändig mit der Grussformel unterschrieb. Danach ist denn auch ein Zusatz zu erklären, der sich in der ersten obigen Unterschrift in dem Schreiben der 'XVviri sacris faciundis' findet. Dort stehen hinter dem Grusse „Optamus vos bene valere", noch die Worte:

> Pontius Gavius Maximus pro magistro subscripsi.

Wenn man dies von dem Grusse trennt, so könnte man es verstehen wie unser modernes: „Ich habe dieses Schreiben als Pro-Magister unterschrieben". Allein nach den angeführten Beispielen ist grade der Gruss selber die subscriptio, und daher darf man das subscripsi hier, wie oben bei der Inschrift des Iub. Celsus, nur auf den vorhergehenden Gruss beziehen und so verstehen: „Vorstehende Subscription habe ich der Pro-Magister geschrieben".

Bei allgemeinen amtlichen Verfügungen, die nicht in Briefform erlassen wurden, findet sich in der späteren Zeit in den Concilsakten auch noch eine andere von Mommsen beigebrachte Subscription, die auch von den Kaisern bei ihren Gesetzen angewendet wurde, nämlich ein Publicationsbefehl. So heisst es bei dem Carthagischen Concil von 411 in dem Zusammenberufungsschreiben, welches auf Befehl der Kaiser Arcadius und Honorius ein Tribun Marcellinus erlässt, am Schlusse [1]):

> Et alia manu: Proponatur.

Unzweifelhaft ist unter der „alia manus" keine andere Hand zu verstehen, als eben die des Marcellinus selber. Ob diese Art von Subscription auch bei den Beamten allgemeinere Anwendung hatte, wissen wir nicht, doch ist es an sich wohl wahrscheinlich. Über die Kaiser s. unten §. IV.

Ein besonderer Fall von ausdrücklich vorgeschriebener eigenhändiger Subscription der Beamten ist in einem Rescripte von Hadrian [2]), wonach Beamte, die steuerbare Waaren zu ihrem eigenen Gebrauche, und

---

[1]) Mansi, coll. concil. 4, 54—56.
[2]) D. 39, 4, 4, 1.

daher steuerfrei, beziehen wollen, darüber ein besonderes Attest ausfertigen
müssen, von dem es heisst:

> quotiens — usus sui causa mittet quendam emturum, signi-
> ficet libello sua manu subscripto, eumque ad publica-
> num mittat.

Worin die Unterschrift bestehen soll, ist nicht gesagt; jedenfalls hat man
an irgend eine entsprechende Erklärung oder Versicherung zu denken,
nicht an blosse Namensunterschrift.

3. Besonders häufig sind die Subscriptionen zur Beglaubigung von
fremden Schriften, und von Protokollen.

Von den ersteren ist das älteste mir bekannte Beispiel einer amtlichen Subscription eine Vorschrift, die sich bei den Agrimensoren findet.
Es heisst dort in der Schrift von Hyginus 'de limitibus constituendis' [1])
aus der ersten Hälfte des zweiten Jahrhunderts, die gesammten Acten der
agrimensorischen Länderei-Ordnung einer jeden Colonie müssten in Erztafeln im „tabularium Caesaris" aufbewahrt werden. Es werden dabei
zuerst einzeln aufgeführt die „significationes", d. h. die Bezeichnungen der
Grundstücke als „data, adsignata concessa, excepta, reddita commutata"
u. s. w., dann der „typus perticae totius lineis descriptus", dann „si qua
beneficio (Caesaris) concessa aut adsignata coloniae fuerint", und zum
Schlusse wird allgemein hinzugefügt:

> et quidquid aliud ad instrumentum mensorum pertinebit,
> non solum colonia sed et tabularium Caesaris manu con-
> ditoris subscriptum habere debebit.

Mommsen [2]) sagt hierüber: „bei Personen, die öffentlichen Glauben ge-
nossen, machte die eigenhändige Unterzeichnung das Instrument rechts-
kräftig; so unterzeichnet der Gründer einer Colonie deren Stiftungsurkunde"
u. s. w. Ich glaube nicht, dass damit der Gedanke der Worte bezeichnet
ist. Unter dem „quidquid aliud ad instrumentum mensoris pertine-
bit" kann im Gegensatze zu den vorher einzeln aufgeführten Schriften

---

[1]) Röm. Feldmesser, von Lachmann, 1, 202.
[2]) Berichte d. Sächs. Ges. d. Wissensch. 3, 373.

und Karten nicht wohl die Haupturkunde der ganzen Colonie verstanden
werden, sondern nur die etwaigen Nebenakten der Mensoren neben den
vorher genannten Schriftstücken. Dann aber kann auch die Unterschrift
des Stifters nur als Beglaubigung, höchstens noch formelle Genehmigung
derselben, aufgefasst werden, nicht als die eigentliche Vollziehung der
ganzen Stiftung.

Worin die Unterschrift des „conditor" bestand, ist nicht gesagt,
sicher nicht im blossen Namen, sondern in irgend einer die Sache be-
zeichnenden Erklärung.

Eine andere Art von Beglaubigungsunterschrift findet sich bei Verfügungen der Kaiser. Das älteste Beispiel ist eine in Smyrna gefundene
Inschrift vom J. 139 [1]. Dieselbe enthält, wie die schon oben besprochene,
eine Zusammenstellung mehrerer auf eine gewisse Angelegenheit bezüg-
licher Aktenstücke. Zuerst in griechischer Sprache ein Gesuch, welches
ein Vertreter des Smyrnenser Gemeinderaths, Namens Sextilius Acutianus,
auf dessen Beschluss an den Kaiser Antoninus Pius gerichtet hatte,
um Erlaubniss zur Abschrift eines älteren Rescriptes von Hadrian zu
bekommen. Dann folgt die lateinische Anwort des Kaisers in folgender
Weise:

> Imperator — Antoninus Augustus Pius Sextilio Acutiano.
> Sententiam d. patris mei, si quid pro sententia dixit, de-
> scribere tibi permitto. Rescripsi. Recogn(ovi) undevicen-
> simus. Act. VI. Idus April.

Hier ist das „Rescripsi", wie Mommsen ausgeführt hat, als die eigenhändige Unterschrift des Kaisers im Originalrescripte anzusehen, und das
„Recognovi" als die Beglaubigung dieser Unterschrift. Das „undevicensi-
mus" ist nicht Name, wie Huschke [2] meint, sondern die Nummer des
Bureau's in der kaiserlichen Kanzlei.

Einen etwas anderen Fall bieten die s. g. ´probatoria´ der Kaiser,
d. h. die Ernennungs-Diplome oder Bestallungen der s. g. Officiales, d. h.

[1] C. I. L. 3, 78 n. 411. Or. 3119.
[2] Zeitschr. f. gesch. Rechtswissenschaft. 12, 191.

der Schreiber und sonstigen Hülfsdiener der Beamten[1]). Die Kaiser behielten sich deren eigene Anstellung vor und legten ein solches Gewicht darauf, dass Leo und Zeno bestimmten[2]), es dürfe keiner zugelassen werden „ex solis sacrarum litterarum exemplaribus, sed ex authenticis tantum sacris probatoriis manu nostra subscriptis", und fügten in einem andern Gesetze[3]) noch hinzu, man solle den Officialen gar keine blosse Abschriften (exemplaria) geben sondern nur:

> ipsas authenticas sacras, quae divinam nostrae pietatis continent adnotationem, cum subscriptione administrautium, sub quorum iuris dictione consistunt.

Die Subscription dieser verschiedenen jedesmaligen Beamten unter der des Kaisers kann wohl nur die Bedeutung haben, eine Beglaubigung der kaiserlichen Unterschrift zu gewähren. Ihre Form kennen wir nicht. Die spätere allgemeine Unterschrift aller kaiserlichen Erlasse durch den Quästor wird passender unten bei den kaiserlichen Unterschriften näher besprochen.

Endlich gehören hierher noch die Subscriptionen zur Beglaubigung von Abschriften der Gesetze, Gesetzbücher oder Protokolle, die von dem betreffenden Beamten, dem s. g. exceptor, ausgegeben wurden. Auch sie enthalten nicht wie bei uns erst eine Erklärung und dann die Namensunterschrift, sondern stets nur wie bei allen anderen Schriften den Namen mit der Erklärung, so z. B. bei dem Senatsprotokolle über die Publication des Codex Theodosianus:

> Et alia manu: Fl. Laurentius, exceptor amplissimi senatus, edidi sub die VIII k. Januarii[4]).

Ähnlich beim Breviarium Alaricianum:

> Anianus — hunc codicem — subscripsi et edidi[5]).

---

[1]) Vgl. über diese im allgemeinen v. Bethmann-Hollweg, Civilprocess Bd. 3, § 142.

[2]) C. 12, 60, 9.

[3]) C. 12, 60, 10.

[4]) In Cod. Theod. ed. Haenel p. 88.

[5]) S. darüber Mommsen, Leipziger Berichte 3, 380—383.

In Ravennatischen Gerichts-Protokollen findet sich mehrfach dieselbe Subscription: so, ausser der schon oben angeführten, in einer vom J. 540 [1]):

> Deusdedet, exceptor civitatis Raven., his gestis [2]) edidi tradidique.

und einer vom J. 572 [3]):

> Gunderit, exceptor curiae civit. Raven., his gestis edidi.

Indessen sind diese Urkunden nach Marini als die Originalprotokolle anzusehen, von denen die Abschriften edirt sind. Dann wäre die Subscription nicht eine Beglaubigung der Abschrift, sondern nur eine s. g. Registratur auf dem Originale über die Ausfertigung der Abschrift. Savigny [4]) meint dagegen, es seien zwar die Originalprotokolle, aber diese selber seien an die Parteien abgegeben, und nicht beim Gerichte zurückbehalten. Dann enthielte das 'edidi' eine Art Beglaubigung der Ächbeit des Protokolles selber. Eine sichere Entscheidung lässt sich aus den Urkunden selber nicht entnehmen, doch ist allerdings von Abschrift keine Rede. Die Parteien bitten: „ut gesta nobis — a competenti officio edi iubeatis ex more". Darauf antworten diese: „ut petistis, gesta vobis edantur ex more". Dann die Beglaubigung von den Beamten selber, worüber unten näheres, und darauf zum Schlusse die obige Erklärung des exceptor.

b. Protokolle mit Beglaubigung haben wir überhaupt nur erst aus der späteren Zeit, hier aber von einer zwiefachen Art, nämlich gerichtliche in den Ravennatischen Papyrus-Urkunden des 6. und 7. Jahrhunderts und kirchliche in den Akten der Concilien. Aus den ersteren kann man indessen unbedenklich auf die frühere Zeit zurückschliessen, wogegen dies bei den kirchlichen mehrfach bedenklich ist.

1. In den gerichtlichen Protokollen geschieht die Beglaubigung einseitig durch Unterschrift von den Beamten ohne Unterschrift der Parteien. Die Beamten unterschreiben aber nicht wie bei uns: „a. u. s."

---

[1]) Marini, pap. dipl. nro 115. Spangenberg, tab. neg. p. 251.
[2]) Statt „haec gesta". Die Beamten hatten geschrieben „his gestis subscripsi". Der exceptor wiederholt das einfach.
[3]) Marini, pap. dipl. nro 88. Spangenberg, tab. neg. p. 196.
[4]) Vermischte Schriften. 3, 131.

oder „g. g. u." oder „in fidem" und dann den Namen, sondern in römischer Weise durch eine Erklärung in der der Name voraussteht, so in dem obigen Protokolle vom J. 572:

> M. Laurentius, et iterum mag., gesta apud me habita recognovi.
>
> M. Bonifacius, v. l., gestis apud nos habitis subscripsi.
>
> M. Johannes his gestis apud nos habitis subscripsi.

Ebenso, auch mit der Unterscheidung von 'recognovi' beim ersten und 'subscripsi' bei den andern, sind die Unterschriften in dem obigen Protokolle vom J. 540.

Ganz ähnlich unterschreibt bei den nicht gerichtlich sondern notariell aufgenommenen Urkunden der Notar:

> Ego Liberatus, tabellio civ. Raven., hanc donationem — complevi et absolvi [1]).

Näheres darüber s. u. §. VI.

2. Bei den kirchlichen Protokollen der Synoden und Concilien finden sich zuerst Massenunterschriften der sämmtlichen zum Concil gehörigen Bischöfe; dabei ist dann aber das Princip nicht sowohl, das Protokoll zu beglaubigen, als vielmehr sich zu den darin enthaltenen von der Synode aufgestellten Dogmen zu bekennen, und die Beschlüsse der Synode durch möglichst vollständige Unterschrift zu bekräftigen. Das erstere tritt gleich bei dem ersten öcumenischen Concile, dem von Nicäa von 325, hervor. Dieses soll von 318 Bischöfen unterschrieben sein, doch haben wir nur von den drei ersten den angeblichen [2]) Wortlaut ihrer Unterschrift, von den andern nur die Namensliste. Die erstere lautet [3]):

---

[1]) Marini, pap. dipl. nro 88. Spangenberg, tab. neg. p. 194.

[2]) Die Ächtheit ist bestritten. Vgl. Herzogs Realencycl. der protest. Theol. 6, 276; 10, 316. Hefele, Gesch. d. Concilien. 1, 425. Doch findet sie sich fast buchstäblich gleichlautend in einer syrischen und einer koptischen Handschrift über das Concil aus dem Anfange des 6. Jahrhunderts, die neuerdings aufgefunden sind. Cowper, anal. Nicaena. The syriac text, (1857) p. 23. Lenormant, fragmenta versionis Copticae etc., (1852) p. 12. 25.

[3]) Nach dem hergebrachten lateinischen Texte bei Mansi, conc. 2, 692. 697.

5*

Osius, episcopus civit. Cordubensis, prov. Hisp., dixit: Ita credo sicut supra scriptum est.

Victor et Vincentius, presbyteri urbis Romae, pro venerabili viro papa et episcopo nostro Sylvestro subscripsimus, ita credentes[1]) uti supra scriptum est.

Noch bestimmter tritt der Standpunkt des Bekenntnisses in dem zunächst folgenden Concil von Sardica von 344 hervor, wenn es hier in der Sammlung des Dionys. Exig. am Schlusse heisst[2]):

Et supscripserunt qui convenerant episcopi omnes diversarum provinciarum sic: Ego N. episcopus civitatis N. et provinciae N. ita credo, sicut supra scriptum est.

Der Standpunkt der Bekräftigung tritt dagegen zuerst in dem Carthagischen Concil von 348 hervor, wo der Bischof Gratus von Carthago die andern am Schlusse auffordert:

Superest, ut placita omnium nostrorum, quae ad consensum vestrum sunt scripta, vestra quoque subscriptione firmetis[3])

worauf die Bischöfe antworten:

Universi dixerunt: Et consensisse nos, concilii huius scripta testantur, et subscriptione nostra consensus declarabitur noster. Et subscripserunt.

Dass auch dabei nicht an einfache Namensunterschrift zu denken ist, zeigen die nachfolgenden Concilien, zunächst das von Hippona von 393[4]). Hier heisst es actenmässig am Schlusse der einzelnen Beschlüsse:

Et alia manu.

Darauf kommen zuerst zwei speciell gefasste Unterschriften:

---

[1]) Der Koptische Text hat: 'ita credit' etc., der syrische: 'for we thus believe'.
[2]) Canones apostolorum et conciliorum, ed. Theod. Bruns. 1, 105.
[3]) Bruns, l. c. 1, 116—7.
[4]) Bruns, l. c. 1, 139.

> Aurelius episcopus ecclesiae Carthaginiensis his placitis a nobis omnibus confirmatis — relectis et agnitis subscripsi.
>
> Mizonius episc. placitis superius comprehensis — subnotavi.

Dann die andern einfach:

> Victorianus ep. plebis Mascilianensis subscripsi.

ebenso 4 andere und zum Schluss:

> Hoc modo et omnes subscripserunt, qui huic concilio interfuerunt.

Vier Jahre später lautet der Schluss des dritten Carthagischen Concils von 397 [1]):

> Universi episcopi dixerunt: 'Omnibus haec placuerunt, et haec nostra subscriptione firmamus'.

darauf kommen die Protokollworte:

> Et subscripserunt:

und dann die Unterschriften selber, zuerst:

> Aurelius episcopus ecclesiae Carthaginiensis huic decreto consensi et relecto subscripsi

dann:

> Epigonius episcopus Bullensis subscripsi.
>
> Augustinus ep. plebis Hipponae subscripsi.

zum Schluss:

> Similiter et omnes episcopi quadraginta quatuor numero subscripserunt.

Von da an werden solche Unterschriften allgemeine Sitte bei allen Concilien, auch finden sich später die Unterschriften sämmtlicher Bischöfe im Originale erhalten [2]).

---

[1]) Bruns, l. c. 1, 134.
[2]) Bei der Vorlesung dieses Abschnittes der Abhandlung in der Akademie wurde

IV.
Die Subscriptionen der Kaiser.

Diese schliessen sich zunächst einfach an die der Beamten an, da die Kaiser ja anfangs eigentlich nur Beamte waren. Indessen scheinen sie doch hier bald eine grössere und selbständige Bedeutung erlangt zu

von Hrn. Mommsen die Frage aufgeworfen, ob die Massen-Unterschriften bei den Synoden nicht vielleicht aus den römischen Senatsprotokollen herstammten und dort durch die s. g. 'acclamationes' veranlasst seien; bei diesen sei meistens angegeben, wie viele Senatoren sie ausgerufen hätten, so z. B. in dem Senatsprotokolle über den Cod. Theod., und es sei wohl wahrscheinlich, dass dieses immer durch die Unterschriften der einzelnen bestätigt wäre. Ich glaube das nicht. Die Acclamationen waren von jeher üblich im Senat. Brissonius (de form. 2, 66) hat eine Menge derselben zusammengestellt, schon von Trajan an (s. auch die or. Claudii bei Haub. mon. p. 190 v. 60—62). Dabei findet sich auch schon von Valerius Claudius (268—270) an die Angabe von Zahlen, z. B.: „Auguste Claudi, dii te servent!' Dictum sexagies. 'Claudi, principem te semper optavimus'. Dictum quadragies. 'Claudi, tu nos libera'. Dictum septies." u. s. w. (Pollio, Claud. c. 4.) Dass dieses aber auf die Form der Protokolle einen Einfluss gehabt und namentlich ihre bisher nicht übliche Unterschreibung durch die betreffenden einzelnen Senatoren herbeigeführt habe, ist nirgend angedeutet. Auch wäre es bei der Masse der einzelnen Acclamationen kaum durchzuführen gewesen. In den gesta über den Cod. Theod. kommen nicht weniger als 43 verschiedene Acclamationen, und dabei wechselt die Zahl der Acclamanten von 8 bis 28. Und nun erst der Inhalt! In den genannten gesta bilden folgende Acclamationen den Anfang: „Augusti Augustorum! Maximi Augustorum! (Dictum VIII.) Deus vos nobis servet! (Dictum XXVII.) Multis annis imperetis! (Dictum XXII.) Per vos arma, per vos iura! (Dictum X.)" und in diesem Style folgen 40 weitere. Ich sollte meinen, dass selbst diese Senatoren es nicht für nöthig gehalten haben, solche Ausrufungen besonders zu unterschreiben. Da hatten die Bischöfe doch mehr Anlass, einzeln ihre Rechtgläubigkeit zu documentiren, und jedem Scheine der Ketzerei vorzubeugen. Übrigens kommen die Acclamationen, und zwar auch mit den Zahlen, auch in den Concilien vor, besonders in den römischen von 465 und 499 (Bruns, l. c. 2, 282—290). Hier ist es nicht der servile sondern der fromme Eifer, wenn die Bischöfe rufen: „Christe exaudi, Hilaro vita! (Dictum VI.) Haec confirmamus, haec docemus! (D. VIII.) Haec tenenda, haec servanda sunt! (D. V.) Ista per S. Petrum in perpetuum serventur! (D. VIII.) Scandala ut amputentur rogamus! (D. IX.)" u. s. w. Dass diese Acclamationen aber mit den Subscriptionen in Verbindung gestanden hätten, ist nirgend angedeutet. Bei dem zweiten obigen Concile sind einfach 72 Theilnehmer, „et subscripserunt episcopi numero LXXII".

haben. So findet sich schon bei Caligula und Nero die kaiserliche
Unterschrift als Erforderniss für Hinrichtungen:

> Sueton. Caligula. 29.
> Decimo quoque die numerum puniendorum ex custodia
> subscribens, 'rationem se purgare' dicebat.

> Suet. Nero. 10.
> Quum de supplicio cuiusdam capite damnati, ut ex more
> subscriberet, admoneretur, etc.

Worin die Unterschriften hier bestanden, wissen wir freilich nicht. Später
finden sie sich in allgemeinerer Bedeutung, so:

> Suet. Otho. 7.
> Nec quicquam prius pro potestate subscripsit, quam etc.

> Lamprid. Commodus. 13.
> Commodus in subscribendo tardus et negligens, ita ut li-
> bellis una forma multis subscriberet, in epistolis
> autem plurimis 'Vale' tantum scriberet.

> Vopiscus, Carinus. 16.
> Fastidium subscribendi tantum habuit (Carinus), ut im-
> purum quendam, cum quo semper meridie iocabatur, ad
> subscribendum poneret; quem obiurgabat plerumque,
> quod bene suam imitaretur manum.

In der späteren Zeit finden sich sogar allgemeine gesetzliche Bestimmungen über die Unterschriften; so zuerst in einem Rescripte Diocletians
vom J. 292[1]):

> Sancimus, ut authentica ipsa et originalia rescripta, et no-
> stra manu subscripta, insinuentur.

und dann wieder von Leo von 470[2]):

---

[1]) C. 1, 23, 3.
[2]) C. 1, 23, 6.

ea tantummodo fas sit proferri et dici rescripta in quibus-
cunque iudiciis, quae in chartis sive membranis subnotatio
nostrae subscriptionis impresserit.

Darauf beruht es auch wohl, dass von Diocletian an bei der Datums-
unterschrift der Constitutionen vielfach statt des sonst gewöhnlichen „data"
oder „scripta" oder „proposita", der Ausdruck „subscripta" vorkommt [1]).
Um so auffallender scheint es, dass in allen den tausenden von
Rescripten, die in den grossen Sammlungen auf uns gekommen sind, auch
den mehr als 1200 von Diocletian, sich in keinem einzigen eine andere
Unterschrift findet, als die von Zeit und Ort des Rescriptes; denn dass
darin nicht die vom Kaiser selbst eigenhändig geschriebene Unterschrift
gesehen werden kann, ist ausser Zweifel. Früher hat man daher allgemein angenommen, dass hinter dem Datum stets noch die Namensunterschrift des Kaisers gestanden habe, später aber überall einfach weggelassen
sei. Man hat daraus sogar, in Verbindung mit der Bestimmung Justinians
in Nov. 114, dass auch der quaestor stets die kaiserlichen Gesetze unterschreiben müsse, das moderne Erforderniss der Unterschrift des Regenten
mit Contrasignatur des Ministers abgeleitet [2]). Zur Bestätigung berief man
sich auf einige Byzantinische Schriftsteller, Manasses und Niketas, die
allerdings die Namensunterschrift für ihre Zeit bezeugen [3]). Allein diese
sind erst aus dem 12. Jahrhunderte, und es wird sich unten zeigen, dass
im 9. oder 10. Jahrhundert in Byzanz allerdings die kaiserliche Namensunterschrift üblich geworden ist. Für die alte römische Zeit folgt daraus
gar nichts, vielmehr ergiebt sich für diese folgendes:
Alle kaiserlichen Constitutionen, namentlich die bis Diocletian, hatten die Form von Briefen an Privatpersonen oder Beamte. Daraus folgte
von selbst, dass sie auch in der Über- und Unterschrift die Form der
Briefe, wie wir sie aus Cicero und Plinius kennen, befolgten. Die Überschrift bestand im Namen des Kaisers und des Addressaten, die Unter-

---

[1]) Vat. fr. 34. 42. 43. 270. Coll. 10, 3—6. Cod. Herm. 6, 1; 13, 1—4.
C. Th. 10, 15, 3.
[2]) Z. B. Mühlenbruch, Pandekten § 35 Städelscher Erbfall. S. 224.
[3]) Brissonius, de form. 3, 79.

schrift in Datum und Ort und einer der schon oben S. 28 besprochenen Grussformeln, vale, opto te valere u. dgl. Nur diese letzteren wurden, wie oft von Privatleuten, so auch vom Kaiser eigenhändig geschrieben, und nur darin bestand die erforderliche kaiserliche subscriptio. Eben darum wurde dieselbe bei Abschriften und Sammlungen einfach weggelassen, weil sie sachlich völlig bedeutungslos war, wie es ja vielfach auch in den Briefen von Cicero und Plinius geschehen ist. Nur ausnahmsweise sind sie aus früherer und späterer Zeit erhalten. Aus älterer Zeit in 2 Rescripten von Vespasian und Domitian, die durch Erzinschriften überliefert sind[1]). Beide sind au Decurionen-Senate gerichtet und schliessen mit dem einfachen „Valete". In dem oben erwähnten inschriftlichen Rescripte von Antoninus Pius steht das 'Vale' nicht, sondern statt dessen „Rescripsi". Ob dies singulär war, oder auf allgemeinerer Sitte beruhte, lässt sich nicht entscheiden. Vielleicht wurden so kurze Rescripte, wie das dortige, vom Kaiser nur mit einem einfachen R(escripsi) unterschrieben.

Aus der späteren Zeit finden sich die Grussformeln bei grösseren Rescripten oder Gesetzen vollständiger. Bei den in die grossen Codices von Theodos und Justinian aufgenommenen sind sie zwar überall gestrichen, da ja bei diesen überhaupt alles überflüssige weggelassen werden sollte. Dagegen sind sie in den Novellen zu beiden und dann namentlich bei kirchlichen Schriftstellern[2]) so vielfach erhalten, dass man die Allgemeinheit der Anwendung ganz unzweifelhaft daraus entnehmen kann. Sie wurden in den Abschriften entweder mit den Worten eingeleitet: „Et manu divina"[3]), oder „Et alia manu"[4]), oder „Divina subscriptio"[5]), oder „Subscriptio imperialis"[6]), oder „Et adiecta subscriptio"[7]); in Justinians griechischen Gesetzen wurden sie einfach mit den dabei stets festgehaltenen

---

1) Fontes, p. 174. 175.
2) Diese findet man am bequemsten bei Haenel, corpus legum.
3) Nov. Valent. 1, 3; 9, 1; 14, 1; 16, 1; 19, 1. Maior. 1, 1. Honor. bei Haenel 237. Glycerius, 260.
4) Honorius bei Haenel 239. C. I. 1, 1, 8.
5) Nov. Just. 42.
6) Nov. Justini et Tiberii. 3. 4. (Hinter Justinians Nov. unter dem Titel: Aliae constit. etc.)
7) Constantius bei Haenel, 241.

lateinischen Worten dem griechischen Texte beigefügt [1]). Die Grussformel lautet zum Theil und selbst noch nach Justinian einfach: 'Vale' nebst einer Anrede entweder durch den Namen oder den Titel 'parens carissime, amantissime, desideratissimo, iucundissime', bei Bischöfen 'religiosissime pater' [2]); sonst aber meistens mit christlicher Wendung:

> Divinitas (oder divinitas summi dei) te servet per multos annos [3]).

oder:

> Deus vos custodiat [4]) per multos annos.

oder:

> Divina te providentia servet multis temporibus.

oder:

> Incolumem te deus omnipotens diutissime servet [5]).

und ähnlichen Phrasen. Bei Gesetzen, die an den Senat gerichtet wurden, heisst es:

> Optamus, vos felicissimos ac florentissimos nostrique amantissimos per multos annos bene valere, sanctissimi ordinis patres conscripti [6]).

Bei Gesetzen mit der Überschrift: „Populo Romano" oder „Constantinopolitanis" lautet die subscriptio:

> Proponatur amantissimo nostro populo Romano [7]), oder: Constantinopolitanis civibus nostris [8]).

Ganz ähnliche Subscriptionen waren auch bei den Eingaben und Schreiben der Beamten oder Privaten an den Kaiser selber üblich. So steht im Justin. Codex ein merkwürdiges Schreiben des Papstes Johannes II an

---

[1]) Nov. Just. 7. 13. 69. 121. 141.

[2]) So Haenel 189. 190. 237. 241. Const. Justini. 3.

[3]) Dies ist das alte εὐτυχεῖν πολλοῖς ἔτεσιν. Vgl. oben S. 69.

[4]) Auch griechisch: Ὁ Θεός σε διαφυλάξει, ἀδελφὶ ἀγαπητέ. Haenel, 201.

[5]) Ausser den oben citirten Stellen s. Haenel p. 189. 190. 191. 199. 200—202. 237. 239. 241. 251. 252. 254. 260.

[6]) Nov. Valent. 1, 3. Maior. 1, 1.

[7]) Nov. Valent. 9, 1; 14, 1. Einfach 'Proponatur' bei einem Edicte von Constantin gegen die Ketzer. Haenel, 203. Vgl. oben S. 70.

[8]) Nov. Just. 13. 69. 141.

den Kaiser Justinian vom J. 534, (ein bezeichnendes Beispiel des salbungsvollen Servilismus der Kirche gegen den Staat, wenn er ihre Intoleranz begünstigt,) worin es am Schlusse zuerst heisst:

> Et alia manu: Gratia domini nostri Ihesu Christi et caritas dei patris et communicatio spiritus sancti sit semper vobiscum, piissime fili.

und darauf:

> Item subscriptio: Omnipotens deus regnum et salutem vestram perpetua protectione custodiat, gloriosissime et clementissime fili imperator Auguste.

Dass dieses nicht blos fromme Phrasen der Bischöfe waren, sondern dass ihnen ähnliche Formen der alten Zeit zu Grunde lagen, wie in den Schreiben der Kaiser selbst, zeigt eine oft missverstandene Stelle von Sueton über Tiberius:

> Sueton. Tiber. 32.
> Quum Rhodiorum magistratus, quod litteras publicas sine subscriptione ad se dederant, evocasset, ne verbo quidem insectatus ac tantummodo iussos subscribere remisit.

Ernesti hat auch hier die subscriptio als Namensunterschrift auffassen wollen, allein bei Dio Cassius (57, 11), der dieselbe Geschichte erzählt, sieht man deutlich, dass darunter auch hier nur der oben besprochene Glückwunsch gemeint ist, wenn er sagt:

> — οὐχ ὑπέγραψαν τῇ ἐπιστολῇ τοῦτο δὴ τὸ νομιζόμενον (usitatum) εὐχὰς αὐτῷ ποιούμενοι.

Von einer Namensunterschrift findet sich in allen den genannten Stellen keine Spur. Ihre Weglassung kann man bei der sonstigen vollständigen Erhaltung der Unterschriften nicht annehmen, vielmehr liegt in ihrem Mangel der deutliche Beweis, dass sie eben überhaupt noch nicht üblich war. Später ist sie allerdings eingeführt, doch sind, bevor darauf eingegangen wird, zuvor noch ein Paar anderweitige Arten von Subscriptionen der Kaiser hervorzuheben.

a. Die Verfügungen und Entscheidungen, die die Kaiser bei Anfragen oder Gesuchen gleich unter die Eingabe entweder selbst schrieben

oder schreiben liessen. In diesem Sinn heisst es in L. 1 § 1 de const.
princ.:

> Quodcunque imperator per epistulam et subscriptionem
> statuit, — legem esse constat.

ebenso Inst. 2, 12 pr.:

> subscriptione D. Hadriani — veteranis concessum est.

Gaj. 1, 94.

> idque subscriptione D. Hadriani significatur.

C. 7, 43, 1.

> propter subscriptionem patris mei (Severi), qua signifi-
> cavit, etc.

D. 4, 8, 32, 14.

> libello cuiusdam querentis imp. Antoninus subscripsit,
> posse eum etc.

Auf diese Subscriptionen ist auch wohl die Stelle von Capit. M. Aur. 15
zu beziehen, worin er sagt:

> Fuit consuetudo Marco, ut in circensium spectaculo legeret
> audiretque ac subscriberet.

b. Die Unterschrift der Quästoren. Justinian bestimmte in Nov.
114 vom J. 541:

> nullam divinam iussionem — a quolibet suscipi cogni-
> tore, cui magnifici viri quaestoris annotatio subiecta
> non fuerit, qua contineatur, inter quos et ad quem iudicem,
> vel per quam fuerit directa personam, etc.

Eine vollständige derartige 'annotatio subiecta' ist uns nirgend überliefert.
Dagegen stehen in den beiden schon oben citirten Gesetzen von Justinians Nachfolgern Justinus und Tiberius hinter der subscriptio imperialis die Worte:

> Et quaestor: Legi.

Schon früher findet sich auch in der griechischen Nov. 105 vom J. 536
im Epilogus das lateinische Wort „Legi" ohne Zusatz, und ebenso in der
griechischen Nov. 22 vom J. 536 fünfmal hinter der Anführung von Beamten, denen ein Exemplar des Gesetzes zugefertigt war, ein „Legi", jedoch
nicht hinter allen. Dem entsprechend steht auch schon in 2 Theodosischen

Novellen [1]) am Schlusse das Wort „Subscripsi" ohne weiteren Zusatz. Man wird auch dieses auf den Quästor beziehen und überhaupt annehmen dürfen, dass auch schon vor der Nov. 114 eine derartige Unterschrift mit Legi oder Subscripsi vom Quästor oder einem ähnlichen Beamten üblich war.

Es ist nunmehr noch die Einführung der Namensunterschrift bei den byzantinischen Kaisern zu besprechen. Sie lässt sich zwar nicht mehr genau nachweisen, aber doch annähernd. Im 7. Jahrhundert blieb vollständig die alte Briefform der Gesetze. In Gesetzen von Heraklius von den Jahren 612, 619 und 629 findet sich noch das alte „Divinitas te servet" etc. und das „Legi" des Quästor [1]). Im 8. Jahrhundert fing man aber an, die Briefform der Gesetze aufzugeben, und damit fiel denn die alte Grussformel von selber weg. Das erste Beispiel ist das Publikationsgesetz zur Ἐκλογὴ τῶν νόμων von Leo d. Isaurier von 740 [3]). Hier wird die auch schon von Heraklius angewendete Anrufung der Heiligen Dreieinigkeit einfach mit dem Kaisernamen in der Überschrift verbunden:

Ἐν ὀνόματι τοῦ πατρὸς καὶ τοῦ υἱοῦ καὶ τοῦ ἁγίου πνεύματος

Λέων καὶ Κωνσταντῖνος βασιλεῖς —

Eine Unterschrift ist dabei gar nicht. Ebenso ist es in einem Gesetze der Kaiserin Irene zwischen 797 und 802:

Ἐν ὀνόματι etc. Εἰρήνη πιστὸς βασιλεύς.

Im πρόχειρος νόμος von Basilius, Constantin und Leo von 878 wird nur noch Christus angerufen [4]), in der Ἐπαναγωγὴ τῶν νόμων von Basilius, Leo und Alexander von 885 ist gar keine Anrufung mehr [5]), ebenso in der Publikation der Basiliken und der Novellen Leo's [6]). Später kommt sie nur noch ganz vereinzelt vor [7]). Die Novellen Leo's haben auffallender Weise meistens wieder die alte Briefform, sie sind entweder an den

---

[1]) Nov. Valent. 19, 1. 20, 2.
[2]) Zachariae, ius graeco rom. 3, 38. 40, 48.
[3]) Zachariae, ὁ πρόχειρος νόμος. praef. XXIV.
[4]) Zachariae, ὁ πρόχ. νόμος. p. 3.
[5]) Zachariae, ὁ πρόχ. νόμος, praef. p. LXVII.
[6]) Zachariae, ius graeco rom. 3, 65.
[7]) Z. B. in der ersten Nov. von Leo (Zach. 3, 67) und einem Gesetze von Basilius von 992. (Zach. 3, 304.)

Patriarchen von Constantinopel Stephanos gerichtet, oder, und zwar zum grössten Theile: Στυλιανῷ, τῷ περιφανεστάτῳ μαγίστρῳ τῶν Θείων ὀφφικίων ἡμῶν. Unterschriften finden sich dabei aber wenigstens in den erhaltenen Handschriften nicht. Leo starb 911. Schon im Jahre 924 findet sich nun auf einmal in einem Gesetze vom Kaiser Romanus sen. die volle Namensunterschrift, und zwar ganz in der Form, die von da an ziemlich buchstäblich beibehalten ist bis zu dem letzten byzantinischen Gesetze, welches wir kennen, was nur 2 Jahre vor der Eroberung Constantinopels durch die Türken erlassen ist, nämlich im J. 1451. Die Form war, ähnlich wie bei uns, volle Namensunterschrift mit beigefügtem Siegel. Das Siegel war bei wichtigen Sachen von Gold und mit seidner Schnur befestigt, und hiess σφραγίς oder noch häufiger nach dem lateinischen bulla βοῦλλον, und das Gesetz danach χρυσόβουλλος λόγος. Bei minder wichtigen Sachen wurden auch Wachssiegel angewendet. (διὰ κηροῦ σφραγίς, κηρόβουλλος λόγος.) [1]).

Eingeleitet ist die Unterschrift in dem Gesetze von Romanus mit den Worten [2]):

Εἰς γοῦν μόνιμον καὶ διηνεκῆ τὴν ἀσφάλειαν τούτου ἐγένετο ὁ παρὼν χρυσόβουλλος λόγος τῆς εὐσεβοῦς ἡμῶν βασιλείας [3]) —

dann kommt das Datum:

ἀπολυθεὶς κατὰ μῆνα φευρουάριον τῆς ἐνισταμένης ιβʹ ἰνδικτιῶνος τοῦ ἔτους ςυλβʹ [4]),

darauf die Angabe der Unterschrift

ἐν ᾧ καὶ τὸ ἡμέτερον εὐσεβὲς καὶ Θεοπρόβλητον ὑπεσημήνατο κράτος. [5])

und nun ganz für sich die volle Namensunterschrift:

Ρωμανὸς ἐν χρίστῳ τῷ Θεῷ πιστὸς βασιλεὺς καὶ αὐτοκράτωρ ῥωμαίων.

Die Form scheint von da an stets beibehalten zu sein, nur mit unwesent-

---

[1]) Mortreuil, histoire du droit byzant. 3, 127.

[2]) Zachariae, ius gr. rom. tom. III. praef. XXXII.

[3]) i. e. ad constantem et perpetuam securitatem huius facta est praesens aurobullata lex nostri imperii.

[4]) i. e. datum mense Februario instantis indictionis XII, anni 6432.

[5]) i. e. in quo etiam sancta et divina nostra maiestas subscripsit.

lichen Änderungen. Sie ist zwar nicht bei allen Gesetzen mit überliefert, aber doch bei vielen, so z. B. auch in lateinischen Gesetzen oder Verträgen für die Venetianer vom Ende des 12. Jahrhunderts, vom Kaiser Isaak Angelus von 1187 [1]):

> Super hoc et presens chrysobulum verbum imperii nostri eis collatum est, factum mense Februario presentis quintae indictionis sexmilesimi sexcentesimi nonagesimi quinti anni, in quo et nostrum pium et a deo promotum subsignavit imperium.
>
> Ysachius in Christo deo fidelis
> imperator et moderator Romanorum
> Angelus.

Und ebenso in dem oben genannten Gesetze vom J. 1451 [2]):

> καὶ εἰς τὴν περὶ τούτου δήλωσιν [3]) καὶ ἀσφάλειαν ἐγένετο πρὸς αὐτὸ καὶ ὁ παρὼν χρυσόβουλλος λόγος τῆς βασιλείας μου, ἀπολυθεὶς κατὰ μῆνα Ἰούνιον τῆς νῦν τρεχούσης ἰνδικτιῶνος τεσσαρακαιδεκάτης τοῦ ἑξακισχιλιοστοῦ ἐννακοσιοστοῦ πεντηκιστοῦ ἐνάτου ἔτους, ἐν ᾧ τὸ ἡμέτερον εὐσεβὲς καὶ θεοπρόβλητον ὑπεσημήνατο κράτος.
>
> Κωνσταντῖνος ἐν χρίστῳ τῷ θεῷ
> πιστὸς βασιλεὺς καὶ αὐτοκράτωρ ῥωμαίων
> ὁ Παλαιολόγος.

Wie sie übrigens anfangs zuerst entstanden ist, lässt sich nicht mehr nachweisen. Wahrscheinlich ist sie vom Occident herüber gekommen. Denn bei den fränkischen Königen findet sich die Namensunterschrift schon sehr früh, jedenfalls bei den Merovingern des 6. und 7. Jahrhunderts, wie das schon von Mabillon [4]) nachgewiesen ist, und neuerdings vollständiger und genauer von Sickel [5]), der besonders hervorhebt: „Die Merovingerfürsten scheinen alle schreiben gelernt zu haben, wenigstens

---

[1]) Zachariae, ius gr. rom. 4, 535.
[2]) Zachariae, ius gr. rom. 4, 717.
[3]) „Dess zur Urkund", wie es in den deutschen Reichsgesetzen hiess.
[4]) Mabillon, de re diplomatica. 2, 10.
[5]) Lehre v. d. Urkunden der ersten Karolinger. § 63. 70. 98.

finden wir die Mehrzahl ihrer Originaldiplome von ihnen eigenhändig mit
einer längeren Formel unterfertigt". Einzelne Facsimiles ihrer Namensunterschriften giebt Mabillon.

Auch die Monogramme, die sich bei den occidentalischen Königen
als Unterschriften finden, sind von den römischen Kaisern nie dazu ver-
wendet. Sie finden sich zwar in der christlichen Zeit, aber nur auf
Münzen und Fahnen [1]).

V.
Die Subscriptionen in den Testamenten.

Bei den Testamenten ist das Princip der Namensunterschrift am
frühesten und vollständigsten in Rom zur Ausbildung gekommen, aber
doch auch noch nicht in der Weise wie bei uns. Im alten Rechte war
von einer Unterschrift bei Testamenten überhaupt noch gar keine Rede.
In den Institutionen wird es zweimal besonders hervorgehoben, dass die
Unterschriften im Testamente erst durch die kaiserlichen Constitutionen
eingeführt seien; zuerst heisst es (2, 10, 3) von den Zeugen:

> septem testibus adhibitis et subscriptione testium, quod
> ex constitutionibus inventum est,

und dann von Testirer und Zeugen:

> subscriptiones testatoris et testium ex sacrarum con-
> stitutionum observatione adhibeantur.

Zweifelhaft kann danach nur sein, wann und wie sie eingeführt sind. Man
nahm früher allgemein an, es sei schon in der früheren Kaiserzeit geschehen, weil es in einer Pandektenstelle von Ulpian heisst [2]):

> Si quis ex testibus nomen suum non adscripserit, verum-
> tamen signaverit, — et si adscripserit se, non tamen
> signaverit, etc.

und in einer von Paulus [3]):

---

[1]) Mabillon, de re dipl. 2, 10.
[2]) D. 28, 1, 22, 4.
[3]) D. 28, 1, 30.

— testes — proprio chirographo adnotare convenit, quis et cuius testamentum signaverit.

Man verstand dieses 'adscribere' und 'adnotare' für subscribere, weil man glaubte, dass die römischen Testamente wie die heutigen untersiegelt seien. Seitdem nun aber durch die Ravennatischen Papyrus-Urkunden so wie durch die Siebenbürger und Pompejaner Wachstafeln klar gestellt ist, dass die Testamente nicht unter- sondern nur zugesiegelt wurden und dass die Namen der Zeugen neben die Siegel geschrieben wurden[1]), kann kein Zweifel mehr sein, dass das adscribere und adnotare in den obigen Stellen nur von diesem Beischreiben des Namens verstanden werden darf. Nun wäre freilich eine Unterschrift des Testirers selber im Testamente daneben immer noch möglich, indess liegt ein Beweis gegen das Erforderniss der Unterschrift in jener Zeit zunächst schon darin, dass Gajus bei der Beschreibung der Testamentsformen weder beim civilen noch beim prätorischen Testamente ein Wort von einer Unterschrift sagt[2]), was, wenn sie wirklich rechtlich nothwendig gewesen wäre, eine ganz unerklärliche Auslassung enthalten würde. Dazu kommt folgendes. Die Unterschrift hätte, wenn sie von den Zeugen bezeugt werden sollte, natürlich auch vor ihnen vorgenommen werden müssen. Ein solcher Act des Unterschreibens passt aber durchaus nicht zu der alten civilen Testamentsform mit mancipatio und nuncupatio. Gajus stellt den Verlauf der Testamentserrichtung so dar:

Qui facit testamentum, adhibitis, sicut in ceteris mancipationibus, V testibus, — mancipat familiam suam, — deinde tabulas tenens ita dicit: 'Haec ita uti — scripta sunt. — ita testor, itaque vos — testimonium mihi perhibetote.

Das letztere ist die s. g. nuncupatio, und dazu fügt er hinzu:

Sane quae testator specialiter in tabulis scripserit, ea videtur generali sermone nominare et confirmare.

Wann hätte nun die Unterschreibung stattfinden sollen? Sie hätte doch natürlich vorausgesetzt, dass der Testirer die Tafeln vorher vor den

---

[1]) Marini. papiri diplom. p. 257—61. Savigny, Gesch. des röm. Rechts. 2, 189—93. Spangenberg, im Archiv f. d. civ. Prax. 5, 144—76.
[2]) Gai. 2. 104. 114—19. 123. 147.

Zeugen für sein Testament erklärt hätte, da diese ja gleich nach ihm auch hätten siegeln und unterschreiben müssen. Aber eben diese Erklärung bildete ja grade erst den Inhalt der nuncupatio. Eben so wenig aber konnte die Unterschreibung nach der Nuncupation geschehen, da Gajus mit der Nuncupation den Testiract zu Ende sein lässt, und diese als schliessliche 'confirmatio' der Tafeln bezeichnet. Man müsste also gradezu eine doppelte Erklärung annehmen, wozu aber sonst nicht der geringste Anhalt ist.

Beim prätorischen Testamente kann man ein Erforderniss der Unterschrift eben so wenig annehmen, da der Prätor überhaupt an sich gar keine Form vorschrieb, sondern nichts weiter für die bonorum possessio forderte, als „tabulae obsignatae non minus multis signis, quam e lege oportet", wie es in dem alten Edicte bei Cicero[1]) heisst. Hätte er dabei auch noch eine Unterschrift gefordert, so hätte er es im Edicte sagen müssen; wäre sie aber erst später, jedoch noch vor Gajus, eingeführt, so hätte das Gajus nicht unerwähnt lassen können.

Eine Bestätigung hierfür liegt in der Fassung der Lex Cornelia de falsis, wie sie Paulus[2]) angiebt:

> qui testamentum falsum scripserit, recitaverit, subiecerit, signaverit, etc.

Hier hätte das subscripserit vor signaverit nicht fehlen können, wenn es wirklich schon rechtliches Erforderniss gewesen wäre. Man kann das grade hier um so sicherer behaupten, weil später, als das Gesetz auch auf andere Urkunden, und auch solche bei denen Unterschriften üblich oder möglich waren, ausgedehnt war[3]), das subscripserit ausdrücklich beigefügt ist. Paulus sagt 5, 25, 5:

> Qui rationes, acta, libellos, album, testationes, cautiones, chirographa, epistolas — deleverit, mutaverit, subiecerit, subscripserit,

Ein weiterer Beweis liegt in dem Senatusconsulte, welches Sueton[4]) aus der Zeit von Nero anführt:

---

[1]) Verr. 2, 1, 45, 117.
[2]) Paul. sent. 4. 7, 1; 5, 25, 1. D. 48, 10, 2.
[3]) Über diese Ausdehnungen vergl. Lex dei, 8, 7. 1—3.
[4]) Suet. Nero, 17.

Cautum, ut in testamentis primae duae cerae, testatorum
modo nomine inscripto, vacuae signaturis ostenderentur.

Man hat dieses sehr verschieden gedeutet und neuerdings sogar für völlig
unverständlich erklärt[1]). Seit der Auffindung der Wachstafeln ist aber
eigentlich nur eine und zwar eine sehr einfache Erklärung möglich. Die
„primae duae cerae“ sind einfach die beiden ersten inneren Wachs-Seiten,
also die beiden Seiten, die bei den Triptychen die scriptura interior enthalten. Auf diesen stand früher der Anfang des Testamentes, wie die
bekannte Stelle von Horaz[2]) über die Erbschleicher zeigt:

Qui testamentum tradet tibi cunque legendum,
Abnuere et tabulas a te removere memento,
Sic tamen, ut limis rapias, quid prima secundo
Cera velit versu, solus multisne coheres,
Veloci percurre oculo.

Nach dem SC. aber sollen sie weiter nichts mehr enthalten als den
Namen des Testirers, im übrigen dagegen „vacuae“, d. h. leer, unbeschrie-
ben, bleiben, dafür aber den Zeugen gezeigt werden. Der Grund liegt
nahe. Die Zeugen müssen den Namen des Testirers geben, da ja jeder
nachher neben sein Siegel schreiben muss, ´cuius testamentum signaverit´[3]),
dagegen brauchen sie den übrigen Inhalt des Testamentes nicht zu erfahren. Der Name des Testirers bildete nun bei Testamenten, wie überhaupt bei allen Urkunden der des Disponenten, stets den Anfang. Er
stand noch vor den Namen des eingesetzten Erben, also ´in prima cera pri-
mo versu´, diese kamen nach Horaz erst in „prima cera secundo versu.“
Dieser Anfang mit dem Namen findet sich in sämmtlichen römischen
Testamenten, deren Anfang auf uns gekommen ist, so in zweien aus der
Zeit von M. Aurel[4]), und ebenso noch in allen späteren, die in Spangenbergs tabulae negotiorum nro XI—XVIII aufgeführt sind. Demnach
ist der Sinn des Senatusconsultes einfach der: der Anfang des Testamen-

---

[1]) Bachofen, ausgew. Lehren S. 281 n 58.
[2]) Sat. 2, 5, 51.
[3]) D 28, 1, 30.
[4]) Das eine in l. 88 § 17 de leg. II, das andere in einer spanischen Inschrift
im C. I. L. 2, 604. n, 4514.

7*

tes, der den Namen des Testirers enthält, soll von dem übrigen Inhalte getrennt und allein auf die beiden ersten Seiten geschrieben werden, damit er den Zeugen gezeigt werden kann, ohne dass sie dabei die Erbeinsetzungen und sonstigen Bestimmungen des Testamentes sehen und lesen können.

Dass nun bei einer solchen Einrichtung der Testamente an eine Unterschrift des Testirers noch gar nicht gedacht werden konnte, ist wohl klar. Völlig verkehrt ist es daher, wenn Mühlenbruch[1]) das Senatusconsult so versteht: „der Testirer sollte die mit seiner eigenhändigen Namensunterschrift versehenen beiden ersten Tafeln den Zeugen vorzeigen und erkären, dass dies sein Testament sei, worauf er alsdann die Namen der Erben eintragen konnte." Hier ist jedes Wort ein Fehler. Indessen kannte Mühlenbruch die Wachstafeln noch nicht. Auffallender ist es, dass Huschke und Rudorff[2]) nach Kenntniss der Wachstafeln die Unterscheidungen von scriptura interior und exterior von den Triptychen der Verträge auf die Testamente übertragen, dabei von einer alten Sitte nicht nur der Unterschrift sondern sogar auch der Untersieglung, die nicht einmal später gewesen ist, sprechen, und beides auf die familiae venditio und sogar nuncupatio beziehen, u. s. w. Das ganze Senatusconsult über die interior und exterior scriptura bezieht sich nach der Darstellung bei Paulus nur auf die „publici privatique iuris contractus", und gar nicht wie das andere von Sueton genannte auf die Testamente. In der That hat es ja auch nur bei Verträgen einen Sinn, eine offene Schrift zum Gebrauche und eine verschlossene zur Sicherung zu haben, dagegen wäre es bei Testamenten, deren Inhalt man ja stets möglichst geheim halten wollte, geradezu widersinnig, neben der verschlossenen Schrift noch eine offene herzustellen; und dass man auch gar nicht daran dachte, zeigen die primae duae cerae, die allein den Zeugen gezeigt werden sollten, ganz unwiderleglich.

Weitere Bestätigungen der Annahme, dass im dritten und vierten Jahrhunderte die Unterschrift des Testirers noch kein Erforderniss der Testamente war, sind folgende:

---

[1]) In der Fortsetzung von Glücks Pandektencommentar. 38, 406.
[2]) Huschke, Zeitschr. f. gesch. Rechtswiss. 12, 203—6. Rudorff, in Puchta's Instit. 3, § 306 not. m. Vgl. auch Bachofen, ausgew. Lehren. S, 296.

1. Ulpian bespricht in l. 11 D. 28,3 einen Fall, wo „tabulae septem testium signis signatae" bei der Eröffnung vollständig leer, d. h. ohne alle Schrift[1]), befunden wurden. Daraus folgt, dass eine Unterschrift des Testirers vor den Zeugen weder innen noch aussen stattgefunden haben kann, da sie sonst hätte erwähnt sein müssen.

2. Paulus sagt in l. 10 D. 28, 1, wer beide Hände verloren habe, und daher nicht schreiben könne, könne doch ein Testament machen. Dass ein anderer für ihn unterschreiben könne, fügt er nicht hinzu, offenbar weil überhaupt keine Unterschrift nöthig war. Theodos bestimmt desshalb bei seiner Einführung der Unterschrift sofort ausdrücklich, dass wenn der Testirer nicht schreiben könne, ein 'octavus subscriptor pro eo' zugezogen werden müsse.

3. Dem entsprechend findet sich in dem 'testamentum porcelli'[2]), d. h. jenem Schulwitze aus dem vierten Jahrhunderte von einem Schweine, welches seine eigenen Schinken, Würste u. s. w. verschiedenen Personen vermacht, zwar die Siegelung und die Namen der 7 Zeugen sehr vollständig, aber keine Unterschrift. Das Schwein selber erklärt zwar im Anfange: 'quoniam manu mea scribere non potui, scribendum dictavi', allein auch von einer fremden Unterschrift ist keine Rede.

Nach alle diesem kann die Nothwendigkeit der subcriptio in den Testamenten jedenfalls erst in der Zeit nach Paulus eingeführt sein. Savigny meint, es sei erst von Theodos II durch Nov. 16 (al. 9) vom J. 439 geschen, und allerdings ist in diesem Gesetze zum ersten Male von der subscriptio des Testirers selber die Rede, allein jedenfalls findet sich die subscriptio der Zeugen schon früher in einem Gesetze von Arcadius und Honorius vom J. 396[3]), und dabei wird noch gesagt, es sei das keine neue Bestimmung, sondern nur eine weitere Ausführung der früheren Gesetze von Constantin und Theodos I über die Testamente. Demnach scheint überhaupt die Unterschrift der Zeugen früher eingeführt zu sein wie die des Testirers, und dieses entspricht auch der

---

[1]) „vacuae inventae, i. e. nihil scriptum habentes."
[2]) Es steht in: Petronii satirae, ed. Buecheler (1871) p. 231.
[3]) Paul. 4, 7, 1. D 48, 10, 2.

Fassung der Institutionen, wo in der ersten Stelle nur die Zeugen, und erst in der zweiten die Zeugen mit dem Testirer genannt sind.

Dies wird nun auch durch den weiteren Inhalt der beiden Gesetze bestätigt. In dem zweiten[1]) heisst es, früher hätten die Testirer die Testamenttafeln den Zeugen nur einfach gezeigt und sie zum Zeugniss dafür aufgefordert[2]), jetzt aber verlangten die Zeugen immer auch den Inhalt zu erfahren[3]): dadurch würden aber viele Menschen ganz abgehalten überhaupt zu testiren, und desshalb bestimme der Kaiser, wenn der Testirer den Inhalt des Testaments geheim halten wolle, so könne er „scripturam signatam vel ligatam, vel tantum clausam involutamve proferre, — eamque — testibus — simul offerre signandam et subscribendam", jedoch sei dann folgendes erforderlich:

> dum tamen testibus praesentibus testator suum esse testamentum dixerit, quod offertur, eique ipse coram testibus sua manu in reliqua parte testamenti subscripserit.

Offenbar ist dies eine neue Bestimmung, die sich aber an das alte Recht einfach in folgender Weise anschliesst. Die alten Holztafeln waren zur Zeit des Gesetzes, im fünften Jahrhunderte, ausser Gebrauch gekommen, sie werden in den neueren Gesetzen nirgend mehr genannt, man schrieb die Testamente jetzt auf Pergament oder Papier. Es ist daher sehr verkehrt, wenn Bachofen (S. 280) unter der 'reliqua pars testamenti' in dem Gesetze den innern Raum der zweiten und dritten Tafel der Triptychen verstehen will. Vielmehr war mit dem Verschwinden der Tafeln auch die Neronische Bestimmung, dass auf den 'primae duae cerae' der Name des Testirers stehen müsse, und nur dieser den Zeugen gezeigt würde, von selbst weggefallen, und eben darum wohl hatten die Zeugen nun in der Regel den ganzen Inhalt des Testamentes als Grundlage für ihr Zeugniss zu wissen verlangt. Dies soll also keinenfalls nöthig sein, der Testirer kann ihnen das Testament versiegelt oder sonst verschlossen vorlegen, dafür muss er es aber nun nicht nur für sein Testa-

---

[1]) Nov. Theod. 16, 1.

[2]) 'veteres testamenta scripta testibus offerebant, oblatarumque eis tabularum perhiberi testimonium postulabant'. Vgl. Gai. 2, 104.

[3]) 'testes exigant omnimodo, quae testamento contineantur agnoscere'.

ment erklären, sondern es nun auch vor ihnen unterschreiben. Dieses unterschreiben ist also jetzt an die Stelle der alten Vorzeigung der 'primae cerae', auf denen der Name stand, gesetzt. Es soll geschehen 'in reliqua parte testamenti', dieses kann, wenn man 'scripturam signatam vel ligatam vel tantum clausam involutamve' vorlegt, nur die Aussenseite bedeuten, indessen ist es an sich allgemein gesagt, und bedeutet jeden beliebigen Theil des Testamentes, daher kann der Testirer, wenn er das Testament nicht vorher verschliessen will, auch den inneren Raum dazu nehmen.

Hiernach wird auch die Unterschrift der Zeugen klar. Sie stand ursprünglich mit dem Vorlesen des Testaments in Verbindung. Es war natürlich, dass wenn Jemand sein Testament den Zeugen vorgelesen hatte, er nun auch ihr Zeugniss für den Inhalt ganz unmittelbar darunter haben wollte: umgekehrt konnten wieder die Zeugen grade diese ihre Unterschrift als Grund für die Nothwendigkeit des Vorlesens geltend machen. Dieses mag daher schon vor Constantin angefangen haben; eben darum steht aber auch die Unterschrift des Testirers damit in keiner Verbindung, war im Gegentheil bei der Vorlesung des ganzen Testaments noch weniger nöthig, als früher beim blossen Zeigen der „duae primae cerae.“

Wenn man bei uns trotz aller dieser Gründe doch gewöhnlich angenommen hat, dass die Unterschrift nicht nur der Zeugen sondern auch des Testirers schon eine alte allgemeine Sitte gewesen sei [1]), so beruht dieses wohl hauptsächlich auf einer Verwechselung der verschiedenartigen Subscriptionen, die in einem Testamente vorkommen können, nämlich einerseits derer, die einen Theil des Inhalts des Testaments bilden können und daher vom Testirer privatim für sich unter das Testament geschrieben werden, und andererseits der neuen von Theodos eingeführten Unterschrift, die einen Theil des äusseren Testiractes, d. h. der formellen Solennisation des Testamentes, bildet und daher vom Testirer vor den Zeugen geschrieben werden muss. Wenn man bedenkt, dass subscriptio überhaupt gar nicht Namensunterschrift ist, sondern alles bedeutet, was unter eine an sich fertige Urkunde geschrieben wird, so versteht sich von selbst, dass solche anderweitigen Subscriptionen von jeher mög-

---

[1]) Bachofen, ausgew. Lehren. S. 293.

lich und auch je nach Umständen üblich waren. Dahin gehören namentlich:

1. Die Subscription des Datum. Dessen Beifügung war zwar nicht nöthig aber allgemein üblich.[1]) Es konnte aber wie bei den Verträgen in den Wachstafeln ebensogut im Anfange des Testaments stehen, als am Ende darunter geschrieben werden, letzteres z. B. im Testamente des Dasumius[2]) und in einem durch Inschrift erhaltenen Codicille vom J. 175[3]). In beiden Fällen steht der Name des Testirers nicht daneben.

2. Die Subscription, ob man das Testament selber geschrieben, oder ob man es dictirt und durch einen andern habe schreiben lassen, und durch wen; so im Testamente des Dasumius (122) und in denen des Augustus und Tiberius[4]).

3. Subscriptionen über Correcturen, Zusätze, Streichungen, Rasuren und dergl.[5]).

4. Subscriptionen nach dem SC. Libonianum, d. h. die danach nöthigen Bestätigungen der Erbeinsetzungen und Legate an den Schreiber des Testaments, die dieser selber beim Dictiren niedergeschrieben hat. Dabei wird eine specialis und generalis subscriptio unterschieden. Die erstere, die bei extranei nothwendig ist, wird so bezeichnet: „si specialiter subscriptio facta est, 'quod illi dictavi, et recognovi'[6]), oder noch genauer: „si specialiter subscriptione sua declaraverit dictasse servo alicuius, ut domino eius legatum ab heredibus suis daretur"[7]). Bei den eigenen Kindern und Sklaven genügt eine generalis subscriptio, die so bezeichnet wird: „si modo manu sua testator testamento subscripserit"[8]). Gewöhnlich versteht man darunter wieder die allgemeine Namensunter-

---

1) Glück, Comment. 34, 468 ff.
2) Fontes, p. 206. v. 123.
3) Or. 4359: 'Scripsi XV Kal. April. Sirmii L. Calpurnio Pisone, P. Salvio Juliano (cos.).
4) Suet. Octav. 101. Tiber. 76.
5) D. 28, 4, 1, 1: 'lituras, inductiones superductiones ipse feci'. Test. Dasumii v. 120.
6) D 48, 10, 1, 8.
7) D 48, 10, 15, 1.
8) D 48, 10, 15, 3.

schrift die zum Testiracte gehört[1]). Allein abgesehen davon, dass zur Zeit jener Stellen eine allgemeine Unterschrift noch gar nicht nöthig war, so würde sie ja keinenfalls, wenn sie allgemein zur Form der Testamente an sich gehört hätte, beim einzelnen Testamente ausnahmsweise eine so besondere Wirkung gehabt haben können. Auch unter der 'generalis subscriptio' verstand man immer nur eine eigentliche besondere Erklärung über das Dictiren, wie es in l. 14 D. de lege Cornelia heisst: „si tamen iussum ex subscriptione testatoris appareat;" man brauchte nur nicht speciell das betreffende Legat zu nennen, sondern nur das Dictat des ganzen Testamentes. Daher heisst es im C. 9, 23, 2, wenn der Testirer „testamentum dictasse codicillis significarit", so stehe das zwar der Erklärung im Testamente für die Gültigkeit des Legates nicht gleich, doch aber genüge es wenigstens zur Vermeidung der Strafe der lex Cornelia. Man nahm diese Subscription aber sehr genau, und daher wurde bei ihrer Ausdehnung von Legaten auf Freilassungen der eigenen Sklaven stets eine specielle Erklärung gefordert: „si tamen accedat domini auctoritas subscribentis, se ea dictasse et recognovisse"[2]). Bachofen (S. 294 n. 121) will das 'ea' zwar so verstehen „scil. quae in testamento scripta sunt", also als gener. subscr., allein dass das 'ea' nur mit Rückbeziehung auf die vorgenannte Freilassung genommen werden kann, bestätigt auch die c. 6 C. 9, 23, wo eine Freilassung für ungültig erklärt wird, weil der Petent selber sage: „dominum non subscripsisse nec suis literis tuam libertatem expressim agnovisse". Der Grund dafür wird in l. 22 § 9 angedeutet, nämlich dass ja die Freiheit dem Sklaven selber zufalle, Legate aber nur seinem Herrn.

5. Ein besonderer Fall von subscriptio ist noch der in l. 40 § 3 de statuliberis (40, 7). Ein Sklave (ein 'actor') wird im Testamente unter der Bedingung freigelassen: „si rationem omnem actus sui heredi meo reddiderit." Darauf wird gefragt: „an, si rationes, quas egit per multos annos sine subscriptione testatoris, heredi reddere paratus sit, liber fiat?" Als Zweifelsgrund wird hinzugefügt: „cum propter gravem valetudinem testator non potuerit rationibus subscribere, testamento tamen subscrip-

_____

[1]) Sintenis, Civilrecht, 3, 383 n. 18 und sogar Keller, Institut. S. 362.
[2]) D. 48, 10, 15, 3.

serit." Die Frage wird natürlich bejaht, aber man kann fragen, worin eigentlich der Zweifelsgrund liege? 'Rationibus subscribere' heisst: die Rechnungen genehmigen, dechargiren. Der Gedanken ist daher wohl folgender: der langjährige Mangel einer schriftlichen Decharge kann den Verdacht der Untreue erregen, wenn der Testirer schreiben konnte, und dies durch die Unterschreibung des Testamentes gezeigt hat; indessen fällt der Verdacht weg, wenn er vorher durch lange Krankheit am Schreiben verhindert war. Darum wird in der Antwort betont: 'si ex fide ratio redderetur, liberum fore'. Über Art und Inhalt des 'testamento subscribere' ist aus der Stelle nichts zu ersehen, da alles Gewicht nur auf das Schreibenkönnen überhaupt gelegt ist.

Wenn man diese verschiedenen alten Subscriptionen von der neuen Theodosischen Vorschrift gehörig trennt, so ist eigentlich der einzige Grund, der einen Zweifel erregen könnte, das Testament des Bischofes Gregor von Nazianz vom J. 382 [1]). Dieses wäre nämlich, wenn es ächt ist, schon vor den beiden Gesetzen von Arcadius und Theodosius errichtet, und doch stehen in ihm am Schlusse die Unterschriften, sowohl des Gregor selber, als seiner 7 Zeugen. Der erste schreibt am Ende des Testaments:

Γρηγόριος ἐπίσκοπος — ἀναγνοὺς τὴν διαθήκην καὶ ἀρεσθεὶς πᾶσι τοῖς γεγραμμένοις ἐπέγραψα χειρὶ ἐμῇ, καὶ ἰσχύειν αὐτὴν κελεύω καὶ βούλομαι [2]).

Die Zeugen unterschreiben:

Ἀμφιλόχιος ἐπίσκοπος Θεοδόσιος u. s. w. — παρὼν τῇ διαθήκῃ [3]) τοῦ, — Γρηγορίου καὶ παρακληθεὶς παρ' αὐτοῦ ὑπέγραψα χειρὶ ἐμῇ [4]).

Das Testament ist zuerst von Brissonius [5]) herausgegeben, 'quemadmo-

---

[1]) Spangenberg, tab. neg. p. 71—79, doch giebt dieser fälschlich 289 an, was durch die Namen der Consuln widerlegt wird.

[2]) i. e. Gregorius episcopus — recognoscens testamentum et omnia probans quae scripta sunt, subscripsi manu mea, et vim obtinere iubeo et volo.

[3]) Der zweite schreibt: διατιθεμένω τῷ Γρηγορίῳ.

[4]) i. e. Amphilochius episcopus, — qui interfui testamento Gregorii, rogatus ab eo subscripsi manu mea. Bei den andern steht nur παρὼν καὶ τὰ ἑξῆ. d. h. etcaetera. Spangenberg hat dies völlig missverstanden. Er schreibt καὶ τὰ ἑξι, hält dies für eine Abkürzung statt ἐγραψα und ergänzt daher καὶ τὰ ἐγραψα!

[5]) De formulis. VII, 1, 69.

dum in membranis scriptum est', dann von Freherus[1] 'ex codice bibliothecae Palatinae', dann auf Autorität von Jac. Sirmond, der es „in duobus codicibus bibl. Vaticanae" gefunden habe, von Baronius[2]). Bei Brisson stehen am Schlusse die Worte: μετεγράφη ἐκ τοῦ ἀρχετύπου τοῦ συγκειμένου ἐν τῇ ἐκκλησίᾳ Ναζιανζοῦ, bei Baronius in lateinischer Übersetzung: „Joannes sanctissimae Nazianzi ecclesiae lector et notarius exemplum divini testamenti, quod in sanctissima ecclesia mea reconditum est, sancti et illustris ac theologi Gregorii exscripsi et edidi."

Die Ächtheit des Testamentes ist schon in 16ten Jahrhunderte bezweifelt[3]), aber freilich ohne schlagende Gründe[4]). Ein Hauptgrund gegen die Ächtheit könnte grade in der Unterschrift des Testirers und der Zeugen, oder wenigstens des ersteren, gesehen werden, insofern beide erst durch die späteren Gesetze von 396 und 439 eingeführt sind, und darum für das Jahr 382 einen Anachronismus enthielten. Indessen können die Unterschriften der Zeugen weniger Bedenken machen, da sie durch das Gesetz von 396 nicht erst neu eingeführt, sondern, wie oben gezeigt ist, nur neu eingeschärft sind. Bedenklicher ist die Unterschrift des Testirers. Indessen ist auch dabei zu beachten, dass die Unterschrift nicht so ist, wie sie später in Folge des Gesetzes von Theodos gemacht wurde, und wie wir sie in den erhaltenen Testamenten vom Ende des 5ten Jahrhunderts und der Justinianischen und späteren Zeit finden[5]). Weil nämlich das Gesetz für die Testirer bestimmte:

rogatis testibus — offerre signandum, — testibus praesentibus suum esse dixerit, coram testibus subscripserit —

---

[1]) In Leunel. iur. gr. rom. 2, 203.
[2]) Baronius, vita Greg. Naz. c. 14. p. 104.
[3]) Rivetus, crit. sacr. 3, 22. Gothofr. ad C. Th. 5, 3, 1.
[4]) Darum mit leichter Widerlegung von Baron. l. c. cap. 15. p. 108 u. Tillemond, memoires à l'hist. eccles. 9, 503. 721. n. 49. 50. Man sieht namentlich keinen rechten Grund der Fälschung, der Inhalt ist zu unbedeutend. Nur die Zuwendungen an die Kirche von Nazianz könnten einen Verdacht erregen. Bedenklicher ist, dass das Testament griechisch ist, während die griechischen Testamente erst in dem Gesetze von 439 § 8 erlaubt sind. Vgl. Gothofr. ad h. l.
[5]) Wir haben diese theils aus den Ravennatischen Papyrus-Urkunden, theils aus andern Quellen. Sie stehen zusammen bei Spangenberg, tab. negot. p. 90—130.

so nahm man stets irgend eine darauf bezügliche Bemerkung entweder
in den Eingang des Testaments oder in die subscriptio mit auf, so im
Eingange [1]):

> [conrogavi eos,] qui signaturi sunt, — subscripsi, claudi
> signarique praecipi, —
>
> conrogatis testibus, — sub eorum conspectu — subscripsi —
> suscripturus cum (coram?) testibus conrogatis,
>
> quia suscribere non potui, signum crucis — coram testi-
> bus impressi —

In der Subscription [2]) schreibt der Testirer:

> susscribsi et — testes ut subscriberent conrogavi —

und die Zeugen:

> ipso presente et suscribente — testis suscripsi.

oder im Eingange [3])

> sub die pr. Kal. Nov. — testamentum scripsi et testibus
> — tradidimus subscribendum.

und am Ende:

> relegi et suscripsi die et anno quo supra.

und die Zeugen:

> rogante testatore testamentum hoc confirmavi die et anno
> quo supra.

Solche Bemerkungen finden sich in dem Testamente des Gregor v. Naz.
noch nicht. Er schreibt im Eingange nur:

> Γρηγόριος — διεθέμην τὴν διαθήκην μου ταύτην,

und am Ende nur die oben angeführte Subscription. Diese ist aber eine
einfache Subscription im Testamente selbst zur Bekräftigung desselben,
wie sie im Laufe des 4ten Jahrhunderts allmählig üblich geworden sein
mochten, die aber noch nicht auf dem Principe des Gesetzes von 439
beruht. Wenigstens ist mit keinem Worte angedeutet, dass der Testirer
sie jenem Gesetze gemäss in Gegenwart der Zeugen und mit einer Erklärung an sie geschrieben habe. Auch die Worte παρὼν διαθήκη in den

---

[1]) Spang. p. 97. 99. 103. 107. 110.
[2]) Spang. p. 126. 127.
[3]) Spang. p. 113. 120. 121.

Unterschriften der Zeugen enthalten diese nicht. Solche innere Subscriptionen finden sich selbst nach dem Gesetze von 439 noch, so in dem Testamente des Bischofes Perpetuus von Tours vom J. 475 [1]). Von diesem ist die ganze äussere Form mit den Zeugenunterschriften verloren [2]). Im Testamente selbst aber steht am Schlusse eine Subscription ähnlich der von Gregor:

> Testamentum hoc manu propria scriptum relegi et subscripsi ego Perpetuus, cal. Mai post cons. Leonis min. Aug.

und darauf folgt noch ein Auftrag:

> Illud tu, Dolenati frater, apud te depositum serva, et —
> Agiloni comiti — aperiendum et legendum tradas etc.

Unter diesen Umständen stehen die Unterschriften des Gregorianischen Testaments mit der oben dargestellten Entwicklung der Testamentsformen offenbar nicht im Widerspruche und es kann, selbst wenn man seine Ächtheit annimmt, kein Grund gegen die obigen Ausführungen daraus entnommen werden.

Wie sich das nun aber auch verhalten mag, jedenfalls ist durch das Theodosische Gesetz von 439 das Erforderniss der Unterschrift des Testirers und der Zeugen allgemein eingeführt, und von da an geblieben. Doch ist dabei noch zweierlei hervorzuheben.

1. Unter den Unterschriften des Testirers wie der Zeugen wurden auch hier, wie sonst, nicht einfache Namensunterschriften verstanden, sondern stets ein längerer oder kürzerer Satz, in welchem der Name das Subject und das subscripsi das Prädicat bildet. Dies zeigen ausser den beiden oben genannten Testamenten von 382 und 475 auch die beiden andern aus jener Zeit, aus den Jahren 571 und 572, auf uns gekommenen Testamente [3]). In dem ersten unterschreiben die beiden Testirer:

> Aredius in Christo nomine peccator et presbyter testamentum nostrum scripsi relegi et subnotavi die et anno quo supra

---

[1]) Spangenberg, p. 80.

[2]) Es könnte aber auch ein test. holographum sein, weil diese damals nach nov. Valent. III (20, 2, 1) vom J. 446 gar keine Zeugen bedurften.

[3]) Spangenberg, tab. neg. p. 120. 127.

> Pelagia testamentum relegi et subscripsi die et anno quo
> supra.

die Zeugen:

> Calpurnius, rogante domino meo Aredio et Pelagia, testamen-
> tum hoc confirmavi die et anno quo supra.

In dem zweiten sind die Unterschriften noch weitläufiger. Sie beruhen
hier auf einem Gesetze Justinians, welches besonders deutlich zeigt, wie
man unter subscriptio untergeschriebene Sätze und nicht Namensunterschrift verstand. Es ist das die später wieder aufgehobene Bestimmung
in L. 28 C. 6, 23, wonach die Namen der Erben entweder vom Testirer
oder von den Zeugen mit in der Unterschrift genannt werden sollen:

> Iubemus, omnimodo testatorem — nomen heredis vel here-
> dum in sua subscriptione — ponere,

und nachher:

> — ipsi testes in suis subscriptionibus, cum testator
> haec non scripserit, sed nuncupaverit, eorum nomina sub-
> scribere non differant.

Die Bestimmung ist zwar im J. 544 durch Nov. 119 c. 9 wieder aufgehoben, doch findet sie sich in den Resten des schon oben genannten
Ravennatischen Testaments vom J. 572 [1]), von dem freilich fast nur die
Zeugenunterschriften erhalten sind, noch angewendet. Die Subscription
lautet hier bei allen fast wörtlich gleich in barbarischem Latein:

> Theodosius — huic testamentum, rogatus a Mannane v. d.
> testatore, — ipso praesente et suscribente, atque ei testa-
> mentum relictum, per quo constituit heredem s(a)c(ro-
> sanct)am ecclesiam catholicam Ravennatem, testis suscripsi.

2. Neben der subscriptio kommt in den Ravennatischen Gerichts-
protokollen bekanntlich noch eine superscriptio vor. Das Verhältniss derselben zur subscriptio ist bereits durch Savigny [2]) und Spangenberg [3])

---

[1]) Von Marini in der Vatican. Bibl. gefunden und zuerst herausgegeben in den
pap. diplom. nro 75. p. 116.

[2]) Geschichte d. röm. R. im Mittelalter. 2, 189—193.

[3]) Im Arch. f. d. civ. Praxis. 5, 144—176.

klar gestellt, doch mag sie der Vollständigkeit wegen hier auch noch kurz berührt werden. Es wird nämlich in den Eröffnungsprotokollen der Testamente von den betreffenden Beamten regelmässig zuerst gesagt:

>carta testamenti — testibus ostendatur, ut si signacula et superscriptiones suas recognoscunt, edicere non morentur.

darauf erklären die Zeugen:

>agnosco signaculum annli mei et superscriptionem meam, sed et intrinsecus (oder infra) subscripsi.

dann decretirt der Beamte:

>nunc carta testamenti resignetur, linum incidatur, aperiatur et per ordinem recitetur. Et inciso lino ex officio recitatum est.

Von den Testamenten selber ist nun zwar in den Eröffnungsprotokollen immer nur der Anfang und daher nicht die Subscription aufgenommen. Indessen wird die 'subscriptio testium' darin meistens so hervorgehoben, dass kaum ein Zweifel sein kann, dass die 'superscriptio' etwas anderes ist als die 'subscriptio'. Sie ist nach der Verbindung mit den 'signacula' offenbar nichts anderes, als die Aufschrift oder Nebenschrift, die die Zeugen auf der Aussenseite des Testaments neben die Siegel, womit sie das Testament zugesiegelt haben, hinschrieben, also das was in den Pandekten [1] „adscriptio" oder „adnotatio" genannt ist, und wobei bemerkt ist: „proprio chirographio adnotare convenit, quis et cuius testamentum signaverit". Bei den Verträgen schrieb man, wie die Wachstafeln zeigen, nur den Namen im Genitiv neben das Siegel, bei Testamenten schrieb man vollständiger, wie das oben genannte Testament des Mannanes zeigt: 'Johannis v. str. testamentum Mannani signavi'. Eine solche adnotatio gehörte nicht zu der eigentlichen Testamentsform, sondern war ein Theil des Zusiegelns, da man ja ohne eine solche Beischrift nachher gar nicht hätte wissen können, wer die Zeugen waren, die das Testament zugesiegelt hatten und die daher zur Eröffnung citirt werden mussten. Eben darum erwähnen die oben besprochenen Gesetze diese adscriptio nirgend, vielmehr heisst es in dem Theodosischen Gesetze gradezu: „finem testamenti

---

[1]) D. 28, 1, 22, 3; 30.

subscriptiones et signacula testium esse decernimus". Signa ohne Beischrift des Signanten hatten für die Römer bei Urkunden gar keinen
Sinn. Der Satz der Pandekten[1]):

> Si quis ex testibus nomen suum non adscripserit, verum-
> tamen signaverit, pro eo est, atque si adhibitus non fuisset.

ist daher mit jenen späteren Gesetzen noch immer zu verbinden, und es
ist sehr verfehlt, wenn Löhr[2]) aus der Nichterwähnung der superscriptio
in den Gesetzen einen Grund gegen die ganze Unterscheidung von der
subscriptio glaubte entnehmen zu können. Noch schwächer sind freilich
seine anderen Gründe, und die ganze Frage kann daher gegenwärtig wohl
als abgemacht angesehen werden[3]).

VI.
Die Subscriptionen in den Verträgen.

Bei den Verträgen und sonstigen Geschäften unter Lebenden muss
die Untersuchung wieder von den Wachstafeln von Siebenbürgen und Pompeji ausgehen, da in ihnen der unmittelbarste und sicherste Beweis der
römischen Rechtsübung liegt. Sie sind zwar im allgemeinen schon oben
besprochen und der Mangel jeglicher Namensunterschrift in ihnen ist grade
zum Ausgange für die ganze Abhandlung benutzt, und insbesondere ist
auch bei der Urkunde X ausgeführt, dass man in den darunter geschriebenen Namen keine Unterschrift im rechtlichen Sinne sehen dürfe. Indessen muss hier bei den Verträgen doch noch einmal specieller auf
ihren Inhalt eingegangen werden, um den Vergleich mit den sonst noch
in den römischen Quellen vorkommenden einzelnen Fällen und allgemei-
neren Bestimmungen vollständiger und fester zu begründen.

1. Bei den Siebenbürger Wachstafeln ist zunächst hervorzuheben, dass sie sämmtlich im Inhalte rein objectiv d. h. als Gegenstände

---

[1]) D. 28, 1, 22, 4.
[2]) Archiv f. d. civ, Praxis. 6, 328 ff.
[3]) Vgl. Vangerow, Pandekten § 445. (3, 145.) Windscheid, Pandekten.
§ 541 n. 4.

von Zeugnissen gefasst sind, nicht als subjective Erklärungen, Geständnisse, Bekenntnisse u. dgl.: der Contractsabschluss, der Geldempfang, das Versprechen, die Verpflichtung ist stets als thatsächlicher Vorgang auf die betreffenden Contrahenten in der dritten Person gestellt, nie erscheinen sie selber als redend oder schreibend und in der ersten Person sprechend. So heisst es bei den Kaufcontracten zum Eingange:

> Dasius B. emit mancipioque accepit puerum — de Bellico A., fide rogato Vibio L.

dann von der Stipulation wegen Fehler und Eviction:

> Eum puerum — dari, fide rogavit Dasius B., fide promisit Bellicus A., fide sua esse iussit Vibius L.

zuletzt beim Empfange des Kaufpreises:

> Proque eo puero — pretium accepisse et habere se dixit Bellicus A. ab Dasio B.

Ähnlich beginnt der Societätsvertrag damit:

> Inter Cassium F. et Julium A. societas — ita convenit, ut quidquid in ea societate — lucrum damnumve acciderit, aequis portionibus suscipere debebunt.

ebenso werden die Beiträge und die weiteren Verflichtungen aufgeführt:

> In qua societate intulit Julius A. — quingentos, et Secundus — pro (Cassio) F. . . . .

und am Schlusse die Stipulation:

> Id dari fieri stipulatus est Cassius F., spopondit Julius A.

Bei den Miethverträgen ist es insofern anders, als hier der Schreiber von sich in der ersten Person spricht:

> Flavius S. scripsi, rogatus a Memmio A., quia se litteras scire negavit, quod dixit, se locasse etc.

der Contract selber ist dann aber auch wieder ganz auf die dritte Person gestellt:

> — locavit operas suas — Aurelio A.; mercedem — accipere debebit. Suas operas — edere debebit, etc.

Eine Stipulation ist hier nicht beigefügt.

Man könnte zwar sagen, bei gegenseitigen Contracten, sei es auch bei uns häufig, sie auf die dritte Person zu stellen und sie dann doch wie eigene Erklärungen zu unterschreiben, z. B. „Zwischen N. N. und

N. N. ist folgender Miethcontract geschlossen: der Vermiether gewährt, — der Miether zahlt" — u. s. w. Allein ganz dieselbe Form ist in den Wachstafeln auch bei den einseitigen Versprechen angewendet. So heisst es bei einem Depositum:

> Denarios quinquaquinta commendatos Lupus C. dixit se accepisse, et accepit a Julio A., quos ei reddere debet.

und ebenso beim Darlehn:

> Denarios LX — dari, fide rogavit Julius A., fide promisit Alexander C., et se eos deu. LX mutuos numeratos accepisse et debere se dixit. Id fide sua esse iussit Titius P.

Ja selbst die Verwalter des collegium funeraticium sprechen bei ihrer Erklärung über dessen Auflösung nicht in der ersten Person von sich, sondern sagen:

> Artemidorus A. magister — et Valerius N. et Offas M. questores — hoc libello publice testantur: — se — rationem reddedisse etc.

Dass daher mit dieser ganzen Form der Contracte der Mangel der Unterschriften in einer unmittelbaren Verbindung steht, ist wohl ausser Zweifel. Der Gedanke war eben nicht, dass die Parteien schriftliche Erklärungen abgeben sollten oder wollten, sondern sie wollten einfach nur für ihre mündlichen Erklärungen ein schriftliches Zeugniss haben. Die Stipulationen mussten ja sämmtlich mündlich gemacht werden, und daneben sind auch alle andere Erklärungen über das „accepisse" „habere" „locasse" durch ihre Anführung mit dem Worte „dixit" als mündliche bezeichnet. Dazu passt nun eine einfache Namensunterschrift eigentlich gar nicht, und man könnte geneigt sein, eben daraus den Mangel der Unterschrift zu erklären. Allein das geht doch nicht. Schon an sich ist die Abfassung eines Vertrages auf die dritte Person, wie der heutige Gebrauch zeigt, gar kein Hinderniss für die Vollziehung durch Namensunterschrift. Die Unterschrift bedeutet dann, dass man die Richtigkeit der angegebenen Thatsachen anerkenne. Die Urkunden sind in ihrer objectiven auf Thatsachen gestellten Fassung der Sache nach eigentlich nichts anderes, als durch Zeugen beglaubigte Protokolle über mündliche Erklärungen und Handlungen der Parteien. Die Unterschreibung von Protokollen durch die Parteien hat aber an sich nichts auffallendes, wenn gleich in Rom, wie oben gezeigt ist, die Protokolle nicht von den Parteien, sondern nur von den Beamten unterschrieben wurden. Dazu kommt, dass die Urkunden wenigstens zum Theil von einem der Contrahenten selber geschrieben zu sein scheinen; denn die Worte in den Dienstcontracten: „scripsi rogatus a M., quia litteras scire negavit" deuten doch offenbar eine Ausnahme an, da in den andern nirgend ein fremder Schreiber erwähnt wird. Demnach ist der Mangel der Unterschriften in den Contrakten doch keinenfalls allein aus der objectiven Fassung der Urkunden zu erklären, sondern hatte seinen eigentlichen Grund in der allgemeinen Sitte. Hätte man überhaupt schriftliche Erklärungen mit Unterschrift geliebt, so hätte ja auch gar nichts im Wege gestanden, die Urkunden anders und mehr subjectiv zu fassen.

Dies wird denn auch durch die Pompejanischen Wachstafeln bestätigt, da diese nur zum Theil in der dritten, zum Theil aber auch in der ersten Person abgefasst sind, Unterschriften aber hier so wenig wie dort haben.

2. Die Pompejaner Wachstafeln enthalten, wie bereits oben bemerkt, sämmtlich nur Quittungen, und zwar nur über Zahlungen von einer bestimmten Person, einem L. Cäcilius Jucundus, jedoch an verschiedene Personen, aus verschiedenen Gründen und zu verschiedenen Zeiten. Sie sind sämmtlich ziemlich kurz und im wesentlichen in gleicher Form abgefasst. Der Grund der Schuld ist stets mit „ob" bezeichnet: ob auctionem, ob pasquom, ob fullonica, ob vectigal publicum. Das Empfangsbekenntniss ist stets unter genauer Angabe der Summe ausgestellt. In der Form sind dabei einige in der dritten Person mit dicere abgefasst; z. B.

— habere se dicit Histria Schimas ab L. Caecilio Jucundo.
— se accepisse dixit C. Jul. Onesimus ab M. Fabio Agathino nomine L. Caecilii Jucundi.

Doch scheint auch hier, wie in Siebenbürgen, die Urkunde in der Regel von dem Empfänger selber ausgestellt zu sein. Wenigstens heisst es auch hier wie dort ausnahmsweise in einer der Urkunden:

S. Pomp. Axiochus scripsi rogatu Polliae Messidis, eam accepisse ab S. Caec. Jucundo etc.

Andre der Urkunden sind dagegen direct von dem Empfänger auf seine eigene Person mit dem Worte: „scripsi" ausgestellt, doch ist dies

9*

auffallender Weise nur bei solchen Quittungen, die von Sklaven der Colonie ausgestellt sind, und hier mit der weiteren Eigenthümlichkeit, dass dabei nie der Name des Sklaven genannt ist, so z. B.:

— privatus coloniae servus scripsi, me accepisse ab L. Caec. Jucundo.

Statt „privatus servus" heisst es meistens nur „privatus", so auch auf den Aussenseiten der Triptychen, auf die häufig eine kurze Bezeichnung des Inhalts geschrieben ist, z. B. im obigen Falle:

Solutio ob fullonicam anni secundi privato colonorum coloniae Venereae Corneliae.

und in einem andern Falle:

Chirograpus privati col. col. Ven. Corn. Pompeianorum ob fullonicas solutas anni primi.

Statt 'scripsi' steht in einigen Fällen 'subscripsi', z. B.

— privatus colonorum Pompeianorum subscripsi, me accepisse ab L. Caec. Jucundo etc.

Bei diesem steht auf der Aussenseite

Solutio ob pasqua anni primi privato.

Eine Unterschrift des Namens findet sich aber in keiner einzigen der Urkunden, weder denen mit 'dixit' noch denen mit 'scripsi' oder 'subscripsi', vielmehr folgt auf den Inhalt der Urkunde sofort stets, wie in den Siebenbürger Tafeln, Ort und Datum:

Actum Pompeiis non. Nov. etc.

Das „subscripsi" kann daher, wenn es überhaupt eine besondere Bedeutung hat, nur die haben, dass der Sklave in einer andern Urkunde, etwa der Contractsurkunde oder den öffentlichen Listen, die Zahlung unten hin geschrieben habe, und davon hier eine Abschrift gebe.

3. Ausser den Wachstafeln sind uns noch in Steininschriften zwei Abschriften von Verträgen überliefert, die als vollständig und genau angesehen werden können, und daher mit jenen zusammengestellt werden müssen. Es sind die bekannten Schenkungen des Artemidorus, und der Statia Irene [1]).

---

1) Fontes. p. 181—184.

Die erste, (aus dem zweiten Jahrhundert) schliesst sich nahe an die Siebenbürger Tafeln an. Sie ist offenbar vollständig aus der schriftlichen Urkunde übertragen, und lautet zunächst im Eingange:

> Chirographum: Ollaria n. III, cineraria n. IV — donationis causa mancipio accepit M. Herennius Agricola de T. Flavio Artemidoro HS n. I.

Darauf kommen einige nähere Bestimmungen, und dann zum Schlusse:

> Haec recte dari fieri praestarique stipulatus est M. Herennius Agr., spopondit P. Flavius Artemidorus. Actum XVIII K. Ian. etc.

Offenbar hat hier schon in dem Chirographum selber vor dem Datum ebensowenig eine Namensunterschrift gestanden, wie in den Siebenbürger Urkunden.

Sehr eigenthümlich in der Form ist die Schenkung der Irene vom J. 252. Sie beginnt allerdings ähnlich wie die vorige:

> Monumentum — Statia Irene M. Licinio Timotheo donationis mancipationisque causa HS n. 1 mancipio dedit, etc.

Dann aber kommt als Nachsatz folgende Wendung:

> Quod mihi Licinnio Timotheo tu Statia Irene — monumentum — mancipio dedisti, — haec sic recte dari fieri praestarique stipulatus est Licinnius Timotheus, spopondit Statia Irene. Actum pr. Kal. Aug. etc.

Offenbar hat danach der Timotheus selber die Urkunde aufgeschrieben, und darum kommt noch als Schlusssatz darunter:

> Iisdem cos. eadem die Statia Irene donationi monumenti s. s., sicut s. s. e., consensi subscripsi et atsignavi. Actum.

Natürlich sind diese Worte selber die subscriptio, und man hat bei dem „subscripsi" nicht etwa an eine sonstige voraufgegangene Unterschrift des Namens zu denken. Man hat also hier zwar eine wirkliche Consensunterschrift, von einem Schenker, der sich zugleich auf Stipulation verpflichtet; doch enthält dieselbe darum noch nicht das volle Unterschrifts-Princip, weil der Beschenkte selber den Vertrag, und zwar auf seine eigene Person, geschrieben hatte, so dass es mehr die Unterschreibung einer fremden als einer eigenen Urkunde ist.

Das „atsignavi" kann nur von einem Zusiegeln der Originalurkunde, die gewiss ein Triptychum war, verstanden werden. Dass es vor dem wirklichen Siegeln geschrieben ist, steht hier so wenig wie bei den Testamenten entgegen.

Als ein Hauptfall von Namensunterschrift wird allgemein noch die bekannte Lex parieti faciendo Puteolana angesehen [1]), eine Steininschrift, die die Bestimmungen für einen von der Gemeinde in Verding zu-gebenden Bau enthält, und in der am Ende ohne allen Absatz und hinter einander 5 Namen stehen, der erste, „C. Blossius Q. f.“, mit dem Zusatze „II ScIꝛ idem praes“. Man hält diesen allgemein für den redemtor und die 4 anderen für seine Zeugen oder Bürgen, und nimmt an, dass sie durch ihre Namensunterschrift den Contract mit der Gemeinde vollzogen hätten [2]). Die Lex selber ist vom J. 649 a. u., also 104 v. Chr., obgleich die Inschrift, wie sie jetzt ist, erst aus der Kaiserzeit stammen kann, also wohl restaurirt ist [3]).

Man sieht leicht, dass wenn jene Annahme über die Bedeutung der fünf Namen richtig wäre, dies schon überhaupt, aber namentlich für die angegebene frühe Zeit, in entschiedenem Widerspruche mit allem stände, was bisher über die Unterschriften an- und ausgeführt ist. Indessen scheint mir die Annahme auch völlig unbegründet und nur auf einer Übertragung der modernen Sitte der Unterschriften zu beruhen. Die ganze Inschrift ist überhaupt nicht der Baucontract, sondern, wie sie selber in der Überschrift sagt: „Operum lex II“, also offenbar das in den Gemeinde-acten aufgestellte Normativ für die Verdingung des Baues, was unmittelbar als solches aus den Acten in die Inschrift als Denkmal übertragen ist. Wenn nun dabei die Gemeinde die Namen des Ausführers des Baues und seiner Bürgen mit hat eingraben lassen, so folgt daraus doch nicht im entferntesten, dass diese die „Lex“ so auch in den Gemeindeacten unterschrieben hatten, sondern allerhöchstens dass ihre Namen dabei mit verzeichnet gewesen sind. Wir wissen ja aber überhaupt gar nicht, ob der Namenszusatz, der an sich natürlich gar nicht zu der „Lex“ gehört, schon in dem alten Original-Denkmale ebenso gestanden hat, und

[1]) Fontes, p. 192, nro 3. C. I. L. 1, 163 n. 577.
[2]) Huschke, i. d. Zeitschr. f. gesch. Rechtsw. 12, 204. n. 30. Münderloh, i. d. Zeitschr. f. Rechtsgesch. 12, 217, nro 4.
[3]) S. darüber Mommsen im C. I. L. 1, 164.

nicht erst bei der Restauration abgekürzt ist. Darauf deutet sogar sehr bestimmt der Umstand hin, dass es in der Lex im Eingange heisst:

Qui redemerit, praedes dato praediaque subsignato duumvirum arbitratu.

Danach müsste doch wohl die Subsignation der praedia mit der Subscription der praedes verbunden gewesen sein, somit da die ersteren fehlen, die Unterschrift jedenfalls irgend wie verkürzt sein. Unter diesen Umständen kann die Inschrift für die Form der Unterschriften, um die es sich hier allein handelt, durchaus keine Beweiskraft haben. Ich unterlasse es daher auf eine eventuelle Lösung des Widerspruchs, etwa durch Unterscheidung zwischen Verträgen von Privaten unter einander oder mit Gemeinden oder dem Staate, wofür ich sonst keinen Anhalt finde, weiter einzugeben. Eben so wenig ist hier Veranlassung, das Verhältniss der fünf Namen und des Zusatzes „idem praes" in Betracht zu ziehen.

4. Es ist nunmehr auf das Material einzugehen, was uns die Pandekten für unsere Frage bieten. Hier ist zunächst hervorzuheben, dass sich in den Pandekten solche gegenseitige Verträge, wie die Kauf- Mieth- und Societätsverträge der Siebenbürgischen Tafeln, mit vollständiger Anführung ihres wörtlichen Inhalts gar nicht finden. Für die Beurtheilung in den juristischen Büchern wäre das zu weitläufig gewesen, es genügte dazu eine kurze Relation, oder wörtliche Anführung einzelner Bestimmungen. Vollständige Anführungen finden sich nur bei einigen Darlehns-Stipulationen und dann vorzugsweise bei einseitigen Erklärungen, die in der Form von Briefen gemacht und auch als litterae oder epistulae bezeichnet sind. Diese sind hier besonders wichtig und mögen daher in ihren Hauptworten angeführt werden. Es sind:

a. Mandate.

Lucius Titius Gaio suo salutem. Peto et mando tibi, ut fidem dicas pro Publio Maevio apud Sempronium, quaeque a Publio tibi soluta non fuerint, me repraesentaturum hac epistula manu mea scripta notum tibi facio [1]).

Ille illi salutem. Mando tibi ut Blaesio Severo adfini meo octoginta credas etc. [2])

---

[1]) D. 17, 1, 62, 1.
[2]) D. 17, 1, 59, 5.

Σαίω τέκνω χαίρειν. Ἐγὼ μὲν — ἐπιτρέπω σοι περὶ παν-
των τῶν ἐμῶν ὡς Σίλις πραγματεύεσθαι, etc. [1])

Titius Seio salutem. Sempronium pertinere ad animum
meum cognovisti, — quare scias, quodcunque — stipulatus
fueris, id me mea fide esse iussisse salvum te habiturum [2]).

b. Schenkungen.

Titius Sticho liberto suo salutem. Cum te manumiserim,
peculium quoque — me tibi concedere h a c epi s t u l a m a n u
mea scripta notum tibi facio [3]).

Ille illi salutem. Hospitio illo — utaris, — idque te ex
voluntate mea facere, hac epistula notum tibi facio [4]).

(Seia) Lucio Titio salutem. Si in eodem animo et eodem
affectione circa me es, quo semper fuisti, — veni hoc; tibi
quamdiu vivam praestabo annuos decem [5]).

c. Depositen.

Caecilius Candidus Paccio Rogatiano suo salutem. XXV n.,
quos apud me esse voluisti, notum tibi hac epistula facio,
ad ratiunculam meam pervenisse, etc. [6])

Lucius Titius Sempronio salutem. C n., quos hac die com-
mendasti mihi, — esse apud me, — hac epistula manu
mea scripta tibi notum facio, quae — tibi numerabo [7]).

Titius Semproniis salutem. Habere me a vobis auri
pondo plus minus decem etc. [8])

d. Schuldbekenntniss [9]).

Octavius Terminalis, rem agens Octavii Felicis, Domitio Fe-
lici salutem. Habes penes mensam patroni mei den. mille,
quos vobis numerare debebo pr. Kal. Maias [10]).

[1]) D. 17, 1, 60, 4.
[2]) D. 17, 1, 60, 1.
[3]) D. 39, 5, 35.
[4]) D. 39, 5, 32.
[5]) D. 44, 7, 61, 1.
[6]) D. 16, 3, 28.
[7]) D. 16, 3, 24 ps.
[8]) D. 16, 3, 26, 2.
[9]) Der Schulderlass in 34, 3, 20 ist Legat.
[10]) D. 14, 3, 20.

Offenbar ist in allen diesen Briefen der Übergang vom gewöhnlichen Briefe in die reine Rechtsurkunde ein ganz unmerklicher. Wenn sich daher bei ihnen weder eine Namensunterschrift wirklich findet, noch auch nur irgendwie Bezug darauf genommen wird, z. B. öfter gesagt ist „manu mea scripta", nie aber „subscripta", so kann man unbedingt annehmen, dass sie auch in Wirklichkeit nirgend darin geschrieben gewesen ist, grade eben so wenig wie bei den gewöhnlichen Briefen. Man darf den Mangel nicht etwa daraus erklären wollen, dass die Namen ja meistens nur fingirte sind, und darum die Unterschrift stets weggelassen sei. Denn erstlich sind unter den Namen offenbar auch mehrere ächte, und ausserdem zeigen eben die obigen Worte „hac epistula manu mea scripta" deutlich, dass man sich die Ächtheit und Wirksamkeit der Schreiben nicht von der Namensunterschrift abhängig dachte, da man diese sonst, wie in der späteren Zeit, hervorgehoben haben würde.

Hiernach wird man nun aber auch in allen den Stellen, in denen schriftliche Erklärungen unter der Bezeichnung 'litterae' oder 'epistulae' angeführt sind, aber die Überschrift „Ille illi salutem" weggelassen ist, doch unzweifelhaft dieselbe Briefform voraussetzen müssen, so z. B.

Lucius Titius Gaium Seium mensularium — debitorem sibi constituit, et ab eo epistulam accepit in haec verba: „Ex ratione mensae, quam mecum habuisti, — remanserunt apud me etc." [1])

Titius Seius epistulam emisit in haec verba: „Remanserunt apud me etc." [2])

Titius epistulam ad me talem emisit: „Scripsi, me secundum mandatum Seii — tibi soluturum" [3]).

Quidam ad creditorem litteras eiusmodi fecit: „Decem, quae Lucius Titius ex arca tua mutua acceperat, — habes penes me, domine" [4]).

Ea, quae a marito pecuniam ex causa donationis acce-

---

[1]) D. 2, 14, 47.
[2]) D. 13, 5, 24.
[3]) D. 13, 5, 3.
[4]) D. 13, 5, 26.

perat, litteras ad eum misit huius modi: „Cum petenti mihi
a te, domine carissime, etc."[1])

Neben dieser Briefform finden sich aber ähnliche Erklärungen auch
in einer Fassung, die deutlich der der Wachstafeln entspricht. Bei einigen
steht wie dort der Name voran:

Titius dico, me accepisse et habere a Gaio omne reliquum
etc.[2])

Ille scripsi, me accepisse et accepi mutuas X[3]).

Lucius Titius scripsi, me accepisse a Publio Maevio XV
mutua, — et haec XV proba recte dari Kal. futuris stipulatus est P. Maevius, spopondi ego L. Titius.[4])

Direct in der ersten Person ohne Namen sind folgende Scheine:

Valerius Lucii Titii servus[5]) scripsit: „Accepi a Mario
Marino ex summa maiore aureos tot"[6]).

Lucius Titius ita cavit: „Ἔλαβον καὶ ἔχω εἰς λόγον παρακα-
θήκης — δηνάρια μύρια etc.[7]).

Bei allen solchen Scheinen darf man sich nach dem Muster der Pompejanischen Tafeln offenbar keine Unterschrift hinzudenken, wohl aber stets
die Form der Triptychen mit ihrer Beglaubigung durch Zeugen.

Wirkliche Subscriptionen sind bei zwei Urkunden erwähnt.

Procurator Seii misit subscriptionem ad argentarium
vascularium[8]): „Λούκιος Καλάνδιος ἐπέγνων, καθὼς προγέγραπται·
ἐστὶν λοιπὰ παρ' ἡμῖν, ὀφειλόμενα τῷ δεῖνι τόσα."[9])

Hier ist aber klar, dass die subscriptio nichts anderes ist, als eben diese
Anerkennung (ἐπέγνων) selber, die etwa unter eine Rechnung oder sonstige

---

[1]) D. 24, 1, 57.
[2]) D. 46, 3, 89. pr.
[3]) D. 22, 1, 41.
[4]) D. 12, 1, 40. Es ist dies die berühmte l. Lecta.
[5]) Bei Sklaven haben auch die Pompej. Wachstafeln keinen Namen.
[6]) D. 46, 3, 102, 2.
[7]) D. 16, 3, 26, 1.
[8]) Wie „faber argentarius" in l. 39 pr. 34, 2.
[9]) i. e. 'L. C. adgnovi sicut supra scriptum est; sunt reliqua apud nos quae de-
bentur illi tot.' D. 44, 7, 61, pr.

Schrift des Silberarbeiters geschrieben war. In der andern Stelle wird eine Urkunde angeführt mit folgendem Inhalte:

> „Chrysogonus, Flavii Candidi servus actor, scripsi coram subscribente et adsignante domino meo, accepisse eum a Julio Zosa, rem agente Julii Quintilliani absentis, mutua denaria mille; quae dari — stipulatus est Julius Zosas spopondit Flavius Candidus dominus meus." Subscripsit dominus [1]).

Hier versteht sich zunächst, dass das „servus scripsi coram — domino meo, eum accepisse" etc. nicht anders zu verstehen ist, als in der Pompeianischen Tafel das: „Axiochus scripsi rogatu Polliae Messidis, eam accepisse" etc., oder in den Siebenbürgischen das: „Flavius scripsi rogatus a Memmio — id quod dixit, se locasse etc. Die Worte „coram subscribente domino" und „dominus subscripsit" können dann nur bedeuten, dass der Herr unter die Schrift seines Sklaven seine Genehmigung derselben, etwa wie oben bei den Codicillen „illi dictavi et recognovi", oder wie oben das ἐπέγνων καθὼς προγέγραπται, oder sonst ähnliches geschrieben hat. Das „adsignante domino" kann nur bedeuten, dass ein Triptychon angefertigt und vom dominus mit zugesiegelt ist, wie in der Urkunde der Statia Irene. Dass der Herr auf diese Weise durch Genehmigung und Beglaubigung den Contracten und Urkunden seiner Sklaven die rechtliche Kraft sicherte, war wohl natürlich, und findet sich öfter erwähnt, so z. B.:

> — si servi chirographo subscripsit dominus, tenetur quod iussu [2]).
> — si pupilli servis pecuniam credidit subscribente tutore [3]) —
> Titius Seii procurator, — fundum vendente servo — quasi procurator subscripsit [4]),

---

[1]) D. 45, 1, 126, 2.
[2]) D. 15, 4, 1, 4.
[3]) D. 15, 3, 20.
[4]) D. 18, 5, 8.

Etiamsi non mandante — nec snbscribente domina
pecuniam mutuam servo dedisset[1]), —
Demnach bestätigt sich auch hier, dass von einer allgemeinen Sitte,
Privaturkunden durch einfache Namensunterschrift zu vollziehen oder zu
beglaubigen, keine Rede sein kann, dass im Gegentheil die Sitte war,
den Namen nur im Anfange einer jeden Scriptur zu nennen, sei es in
einer Überschrift oder einfach im Contexte. Es versteht sich, dass hiernach nun auch die sonstigen Stellen zu erklären sind, in denen von Subscriptionen die Rede ist, und die man meistens von Namensunterschriften
verstanden hat. Nirgend ist das subscribere im Sinne von einfacher
Namensunterschrift zu verstehen, sondern stets nur von dem schreiben
irgend einer Erklärung unter irgend eine andere. Dabei sind die Subscriptionen unter fremde und unter eigene Urkunden zu unterscheiden.

a. Bei fremden Urkunden sind zunächst alle die Fälle ausser
Zweifel, wo von Unterschrift in dem Sinne die Rede ist, dass man ihnen
eine Erklärung von anderem Inhalte als dem der Urkunde selber beigefügt habe. Ein Hauptfall ist die „subscriptio fideiussionis", d. h. die Beifügung einer Bürgschaft. In der Regel mögen zwar die Bürgschaften so
wie in den Siebenbürgischen Tafeln gleich mit in den Context des Haupt-
vertrages mit aufgenommen sein. Indessen stand natürlich nichts im
Wege, sie darunter zu schreiben, namentlich wenn sie dem Vertrage erst
später nachfolgten, so z. B.

— lecta subscriptione fideiussionis[2]) —
— si non subscripsisti quasi fideiussor[3]), —
— si mulier in instrumento mutui viro suo consentiat aut
subscribat.[4]).

Andere Beispiele sind: Genehmigung von Rechnungsablage:

Erotem — rationes reddere volo eius temporis, quod erit
post novissimam meam subscriptionem. — postea

---

[1]) C. 4, 26, 3.
[2]) D. 46, 1, 68, 1.
[3]) C. 5, 37, 15.
[4]) Nov. 134, c. 8.

rationes **subscripsit** usque in eum diem, qui —. Heredes nihil exigere debent eius temporis, quo **subscripsit**[1]).

Rei publicae rationes **subscriptae** et expunctae — retractari non possunt[2]).

Anerkennung des Ausspruches eines Schiedsrichters:

— si quis post arbitri definitionem **subscripserit** ἐμμένειν vel διδόναι[3]), —

Quittung über einen Empfang:

— mulier res — in libellum solet conferre eumque libellum marito offerre, ut **subscribat**, quasi acceperit[4]).

— si voluerit is, qui apocham conscripsit, vel exemplar cum **subscriptione** eius, qui apocham suscepit, ab eo accipere, vel antapocham suscipere[5]) —

Anerkennung der Ächtheit von Urkunden:

Qui adgnitis instrumentis, quasi vera essent, — instrumentis **subscripserat** ex interlocutione iudicis[6]), —

Beitritt zur Erklärung eines andern:

— plures (argentarii heredes) — omnes ad editionem compellendi sunt, — aut certe **unius editioni subscribere**. — et plures tutores — aut omnes edere debent aut **unius editioni subscribere**[7]).

Subscriptio filii domini manumittentis nec addere secuta nec omissa detrahere libertati quicquam potest[8]).

Billigung und Genehmigung (consensus) der Erklärung eines andern:

— feminas — venditiones posse celebrare, si viri earum consensum pariter atque **subscriptionem** instrumentis putaverint esse praebendam[9]) —

---

[1]) D. 34, 3, 12. cf. 35, 1, 82 cf. 40, 5, 41, 10; 40, 7, 40, 3 oben S. 55.
[2]) D. 44, 3, 13, 1.
[3]) C. 2, 56, 4, 6.
[4]) D. 23, 3, 9, 3.
[5]) C. 4, 21, 19, 1.
[6]) D. 44, 1, 11.
[7]) D. 2, 13, 6, 1.
[8]) C. 7, 16, 32.
[9]) C. Th. 3, 1, 3.

— si primorum curiae subscriptio atque consensio adiecta monstratur[1]).

— si primores curiae — in collegae venditionem subscribant[2]).

Si nuptiis pater tuus consensit, nihil oberit, si instrumento ad matrimonium pertinenti non subscripsit[3]).

Bei einzelnen Stellen kann man über Inhalt und Bedeutung der Subscriptionen natürlich zweifelhaft seien, so z. B. bei l 14 C. si certum. (4, 2):

Mutuae pecuniae, quam aliis dedit, creditor citra solennitatem verborum subscribentem instrumento non habet obligatum.

Eine Basilikenscholie, aber eine spätere, sagt zu „subscribentem":

Ἅπλως, εὕτως ὡς μάρτυς, μὴ ὡς ἐγγυήτης, ἤ κᾶν μὴ ὡς μάρτυς, ἀλλ ὡς αὐτὸς δανειτάμενος[4]).

Auch die Glosse nimmt an:

„ut testis, non ut se obliget."

Beide setzen eine einfache (ἁπλως) Namensunterschrift voraus. Die Stelle hätte dann im wesentlichen denselben Sinn wie l. 6 C. de fideiuss. (8, 14).

Si pater tuus pro Cornelio, quum pecuniam mutuam acciperet, se non obligavit, frustra ex eo, quod tabulas obligationis ut testis adsignavit, conveniris.

Der Unterschied wäre nur, dass in dieser Stelle vom J. 214 der Zeuge noch nicht unterschrieb sondern blos zusiegelte, in der ersteren dagegen vom J. 293 bereits die Unterschrift an die Stelle getreten wäre. Nun wird sich allerdings unten zeigen, dass an blosse Namensunterschriften dabei keinenfalls zu denken ist. Abgesehen davon zeigt aber auch die Verbindung:

— citra verborum solennitatem subscribentem —

---

[1]) Nov. Maior. 7, 1, 9.

[2]) Nov. Valent. 31, 1, 6.

[3]) C. 5, 4, 2.

[4]) d. h. 'Simpliciter ita ut testis, non ut fideiussor, aut etiam si non ut testis sed ut ipse mutuans.'

deutlich, dass der Gegensatz in der l. 14 überhaupt gar nicht wie in der l. 6 der von Zeuge und Schuldner ist, sondern vielmehr der von Schrift und Wort. Der Sinn ist also, dass bei einem Darlehn eine Obligation nur entsteht, wenn man entweder das Geld bekommt oder die Schuld durch Stipulation auf sich nimmt, nicht aber durch eine blosse 'subscriptio' irgend einer Art. Die subscriptio ist also im gewöhnlichen römischen Sinne als untergeschriebene Erklärung zu verstehen. Was für eine Erklärung in dem betreffenden Falle hingeschrieben war, ist freilich nicht zu ersehen. Man wird an ähnliche denken müssen, wie die, die auch anderwärts für unverbindlich erklärt sind z. B.

> — debitorem sese esse (epistula) confitentem [1]), —
> — quos denarios vobis numerare debebo [2]).

Ein Paar andere, viel besprochene, Stellen mit unbestimmten Subscriptionen finden sich im Pfandrechte, nämlich l 8 § 15 und l 9 § 1 quib. mod. pign. solvitur. In der ersten, von Marcian, wird der Satz besprochen, dass die Zustimmung des Pfandgläubigers zum Verkaufe der Sache vom Schuldner einen Verzicht auf das Pfandrecht enthalte. Es wird gesagt, dass dazu die blosse Kenntniss von dem Verkaufe nicht genüge, dann aber hinzugefügt:

> sed si subscripserit forte in tabulis emtionis, consensisse videtur, nisi manifeste appareat, deceptum esse.

In der zweiten von Modestin, wird ein Verzicht auf ein früheres Pfandrecht einem späteren Gläubiger gegenüber gleichfalls aus einer Unterschrift abgeleitet:

> inveniebatur autem Maevius instrumento cautionis, cum republica facto a Seio, interfuisse et subscripsisse, quo caverat Seius, fundum nulli alii esse obligatum.

In beiden Fällen fragt es sich, worin eigentlich die Unterschrift des betreffenden Pfandgläubigers bestanden habe? Meistens nimmt man eine blosse Namensunterschrift an. Allein da diese überhaupt nicht üblich waren, namentlich nicht in den Triptychen, auf die doch die „tabulae emtionis" der ersten Stelle hindeuten, so wird man sie auch hier nicht

---

[1]) D. 13, 5, 31.
[2]) D. 14, 3, 20.

annehmen können. Cujaz[1]) will daher eine ausdrückliche Erklärung in folgender Weise annehmen: „Titius instrumento emtionis — contractae inter illum et illum proprio chirographo subscripsi." Allein die Worte „consensisse videtur" und der in der ersten Stelle zugelassene weitere Beweis zeigen deutlich, dass hier eben nicht an eine ausdrückliche Erklärung gedacht ist, sondern nur an eine Schlussfolgerung aus einer sonstigen Unterschrift. Dann aber ist kaum eine andere möglich, als eine Zeugenunterschrift. Zwar beruft sich Cujaz dagegen auf l. 39 de pignerat., wonach aus dem Zeugnisse bei einem Testamente kein Consens zu dem Inhalte desselben gefolgert werden darf. Allein zwischen Testamenten und Verträgen ist, und war auch damals, der grosse Unterschied, dass die Zeugen beim Testamente den Inhalt nicht kennen wohl aber bei den Verträgen. Daher werden in andern Stellen bei einer Erbtheilung und einem Verkaufe aus dem „praesente et adsignante"[2]), und „si quasi testis adfuit"[3]), Schlüsse auf Consentirung zum Inhalte derselben zugelassen, und in l. 26 § 1 de pignor. wird gefragt, ob ein Consens anzunehmen sei, wenn Jemand eine ihm von einem andern dictirte Erklärung niederschreibe, ohne dass er „consensum suum accommodaverit aut signo aut alia scriptura." Unter 'signum' kann nur das Zeugensiegel verstanden werden, so dass die Schlussfolgerung aus dem Zeugnisse auch hier als sicher vorausgesetzt wird.

Hiernach würden sich also die beiden Pfandstellen vollständig erklären, wenn man unter dem „subscripsit" eine Zeugen-Unterschrift verstehen könnte. Die Frage ist daher nur, woher hier auf einmal die Unterschriften der Zeugen, da sich in den andern Stellen in Übereinstimmung mit den Urkunden nur eine Besiegelung der Zeugen findet. Die Antwort hierauf lässt sich wohl nur daraus entnehmen, dass die beiden Stellen von Marcianus und Modestinus sind, die beide erst im dritten Jahrhunderte gelebt haben. In dieser Zeit ist nämlich, wie sich unten zeigen wird, unzweifelhaft eine Veränderung in der Form der Urkunden eingetreten, und namentlich eine Unterschrift von den Parteien und den Zeugen üblich geworden, allerdings auch keine blosse Namensunterschrift,

---

¹) Rec. ad Jul. dig. lib l. 39, in C. 92 de leg l.
²) D. 30, 92.
³) D. 31, 34, 2.

aber doch eine entsprechende Erklärung mit dem Namen, die man auch subscriptio nannte. Demnach hätte man hier die ersten Spuren derselben zu sehen. Dass jedoch im Anfange des dritten Jahrhunderts auch die Siegelung der Zeugen noch stattfand, zeigt die oben S. 118 cit. l. 6 vom J. 214.

b. Über Unterschriften bei eigenen Urkunden findet sich in den Pandekten äusserst wenig; was sich aus der obigen Beschreibung der Ausstellung von Urkunden, wie sie in den beiden ersten Jahrhunderten der Kaiserzeit noch üblich war, wohl von selber erklärt. Man hat eine Namensunterschrift meistens in l. 50 de a. v. o. h. angenommen, wo es heisst:

> Si per epistulam servo pupilli tutor hereditatem adire ius-
> serit, si post subscriptam epistulam tutor moriatur, an-
> tequam — servus adiret, etc.

Die Stelle ist von Modestinus, also erst aus dem dritten Jahrhundert. Da es sich indessen darin nur von einem gewöhnlichen Briefe handelt, so kann doch kaum eine Frage sein, dass unter der Subscription keine Namensunterschrift zu verstehen ist, sondern nur die gewöhnliche auch damals noch allgemein übliche Unterschrift der Briefe durch Gruss und Datum. In einer Stelle von Paulus[1]) aber, wo er zur Lex Cornelia de falsis sagt:

> Qui rationes, acta, — cautiones, chirographa, epistolas sciens
> dolo malo in fraudem alicuius deleverit, mutaverit, subie-
> cerit, subscripserit, etc.

ist der Ausdruck so ganz allgemein gebraucht, dass man eine bestimmte einzelne Form von Unterschrift daraus nicht entnehmen kann. Überdies fehlt grade das Wort „subscripserit" in den entsprechenden Stellen sowohl der Pandekten als der Collatio[2]).

5. Geht man von den Pandekten zum Codex über, so zeigt sich hier unzweifelhaft, dass im Laufe des dritten Jahrhunderts eine Änderung des alten Princips eingetreten ist. Die Form der Urkunden wurde anders und damit wurde auch eine Unterschreibung des Namens sowohl des Urhebers als der Zeugen eingeführt. Es hängt das hier wie oben

---

[1]) Sent. rec. 5, 25, 5.
[2]) D. 48, 10, 9, 3; 16. 23. Coll. 8.

bei den Testamenten wohl sicher damit zusammen, dass in dieser Zeit die Wachstafeln allmählig ausser Gebrauch kamen und dafür Papyrus und Pergament genommen wurden. Damit fiel nämlich auch die doppelte Schrift der Tafeln, eine versiegelte und eine offene (scriptura interior und exterior), weg. Man machte, wie bei uns, nur eine Schrift, diese musste aber des Gebrauches wegen in der Regel natürlich unversiegelt sein, musste darum aber auch ihre Beglaubigung in sich selber tragen. Zu diesem Zwecke wurden daher nun die Unterschriften des Urhebers und der Zeugen auf die Urkunde unter ihren Text gesetzt, und das Zusiegeln fiel ganz weg[1]). Doch schrieb man auch jetzt nicht, wie bei uns, einfach den Namen hin, sondern wie bei den Testamenten eine längere oder kürzere Erklärung, die den Namen als Subject und das 'subscripsi' als Prädicat enthielt, bei den Zeugen mit dem Beiworte 'testis'. Der Beweis hierfür ist theils in den Gesetzen des Codex theils in den Urkunden der späteren Zeit enthalten. Zu jenen Beweisstellen gehören jedoch folgende zwei Diocletianische Rescripte noch nicht. In dem einen heisst es[2]):

> — chirographa, quae fecerat procurator tuus, — tibi resti-
> tuta cum subscriptione procuratoris, significante, quod
> nihil creditoribus debeatur, etc.

Dabei bedeutet subscriptio offenbar nur einen späteren Zusatz, den der Procurator unter das Chirographum geschrieben hatte. Das andere bezieht sich auf eine Schenkung[3]):

> — si de hoc fundo non cogitasti, cuius velut donationi te
> consensisse continetur instrumento, — intelligis, de quo non
> cogitasti nec specialiter subscripsisti, nihil te perdi-
> disse.

Dieses „nec specialiter subscripsisti" bedeutet nur, dass kein besonderer Zusatz über das Grundstück zu der allgemeinen Schenkung hinzugefügt

---

[1]) Natürlich nicht auf einmal, sondern allmählig. Wie lange das adsignare bei Verträgen noch vorgekommen ist, ist schwer zu sagen. In Justinians Zeit habe ich in Gesetzen und Urkunden keine Spur mehr davon gefunden. Die letzten Spuren sind die Schenkung der Statia Irene v. 252, und im Codex 8, 41, 6; 11, 39, 1; 5, 37, 15, aus den Jahren 214, 230, 287.

[2]) C. 8, 43, 18.

[3]) C. 8, 54, 10.

ist. Eine allgemeine Unterschreibung der Schenkung lässt sich daraus nicht folgern. Doch mag sie schon üblich gewesen sein, da es in einem anderen Rescripte von Diocletian[1]) heisst:

> Vice donatricis alio voluntate eius subscribente iure facta donatio non habetur irrita.

Darauf deutet auch ein anderes Diocletianisches Rescript[2]):

> Si falsum instrumentum emtionis conscriptum tibi — subscribere te — suasit etc.

Eigentliche Regel war die Unterschrift aber doch noch nicht; denn noch in dem grossen Constantinischen Gesetze von 316[3]), worin die schriftliche Abfassung der Schenkungen genau vorgeschrieben wird, heisst es nur:

> Tabulae itaque, aut quodcunque aliud materiae tempus dabit[4]), vel ab ipso vel ab eo, quem sors sumministraverit, perscribantur eaeque rebus nominibusque personisque distinctae sint.

Indessen mag die Beifügung der Unterschrift von selbst allgemeine Sitte geworden sein, wie man aus dem Gesetze von Zeno von 478[5]) sieht, worin für die Schenkungen, die keiner gerichtlichen Insinuation bedürfen, bestimmt wird:

> si forte per tabellionem vel alium scribentur, et sine testium subnotatione valere praecipimus, ita tamen, si ipse donator vel alius voluntate eius secundum solitam observationem subscripserit.

Also im fünften Jahrhundert war die Unterschrift bei Schenkungen bereits „solita observatio". Dass sie aber nicht auf diese beschränkt war, oder wenigstens blieb, zeigt das Gesetz von Leo über das pignus publicum vom J. 469[6]). Darin heisst es im Eingange:

> Scripturas, quae — transigendi vel paciscendi aut faene-

---

[1]) C. 8, 54, 20.
[2]) C. 4, 22, 5.
[3]) Vollständig nur in den Vat. fr. 249, im Auszuge in C. Th. 8, 12, 1. C. I. 8, 54, 25.
[4]) Hier tritt der Übergang von den Tafeln zu anderem Material deutlich hervor.
[5]) C. 8, 54, 31.
[6]) C. 8, 18, 11.

>randi vel societatis coeundae gratia seu de aliis quibuscun-
que causis vel contractibus conficiuntur, — sive tota series
eorum manu contrahentium vel notarii aut alterius cuius-
libet scripta fuerit, ipsorum tamen habeant subscriptiones, sive etc.

Hier erscheint die Unterschrift als allgemeine Sitte bei allen Verträgen,
und daraus erklärt es sich, dass in dem Gesetze dann auch für das s. g.
pignus quasi publicum gefordert wird dass:

>trium vel amplius virorum subscriptiones eisdem idiochiris
contineantur.

Justinian hat die Unterschrift sowohl der Parteien als der Zeugen
in noch weiterer Ausdehnung vorgeschrieben. Er verlangt sie in folgenden Fällen:

Verträge, „quos in scriptis fieri placuit," sollen nicht anders gelten,

>nisi instrumenta — subscriptionibus partium con-
firmata — sint[1]).

Bürgschaften der Frauen sollen nicht anders gelten,

>nisi instrumento publice confecto et a tribus testibus
subsignato[2]).

Bei der manumissio per epistulam soll der Herr fünf Zeugen zuziehen,

>post eius litteras in subscriptione positas — suas
litteras supponentes[3]).

Bei der Emphyteuse soll im Falle einer Veräusserung der Herr den neuen
Emphyteuta annehmen „per litteras suas", darf aber:

>non amplius pro subscriptione — nisi quinquagesimam
partem pretii — accipere[4]).

Beim beneficium inventarii gehört zur Vollendung:

---

[1]) C. 4, 21, 17.

[2]) C. 4, 29, 23, 2. Das „subsignato" heisst nicht „untersiegelt", sondern wie
Paulus in l. 39 de V. S. sagt: „Subsignatum dicitur quod ab aliquo subscriptum est."
und Festus: „[Signare] antiqui pro scribe[re utebantur, unde et subsigna]re et consignare
[pro subscrib]ere et conscri[bere".] In § 1 der Stelle steht „consignatum" in demselben Sinne.

[3]) C. 7, 6, 1, 1.

[4]) C. 4, 66, 3.

Subscriptionem supponere heredem necesse est, sig-
nificantem et quantitatem rerum et quod etc. [1])

Hier soll also die Subscription im alten Sinne noch eine besondere weitere Erklärung enthalten, doch ist die einfache Subscription natürlich
darin enthalten. Darum soll der Erbe, wenn er nicht schreiben kann,
nur das „venerabile signum" hinsetzen, aber einen „specialis tabularius
ad hoc solum ut pro eo litteras supponat" zuziehen, und Zeugen,

qui iubenti ei, tabularium pro se subscribere, interfue-
rint.

Bei den pacta nuptialia der Vornehmen soll die Urkunde stets vom
Kirchenvorsteher und 3 Zeugen unterschrieben werden (ὑπογραφέτωσαν) [2]).
Die Legitimation unehlicher Kinder kann begründet werden:

συμβελαίῳ ἔχοντι ὑπογραφὰς τριῶν μαρτύρων [3]).

Man sieht aus allen diesen Gesetzen, wie allgemein üblich die
Vollziehung und Beglaubigung der Verträge durch Unterschrift in dieser
Zeit geworden war. Wenn sie in so vielen Fällen vorgeschrieben war,
so wurde sie natürlich in andern freiwillig von selbst angewendet. Dies
bestätigen auch die Urkunden jener Zeit vollständig, wie unten zu zeigen ist.

Sehr bezeichnend dafür ist auch, dass jetzt der Beweis der Ächtheit der Handschriften durch Schriftenvergleichung (comparatio litterarum)
und Eid ausgebildet wird. Dieser war dem ältern Rechte völlig unbekannt, weil die Kraft der Urkunden auf den Zeugen und der Zusiegelung beruhte, und nicht auf der eigenen Ausstellung vom Urheber. So-
bald die Schrift oder Unterschrift des Urhebers entschied, musste der
Beweis ihrer Ächheit die Hauptsache werden. Schon im Codex stehen
daher zwei Gesetze von Justinian darüber [4]), von denen das eine namentlich die Beschränkung macht:

sancimus, non licere comparationes litterarum ex chirogra-
phis fieri, nisi trium testium habeant subscriptiones.

---

[1]) C. 6, 30, 22, 2.
[2]) Nov. 74 c. 4.
[3]) Nov 117 c. 2.
[4]) C. 4, 21, 16. 20.

Weitere Bestimmungen hat Justinian darüber noch in den Novellen, 18, 49, 73 gegeben, besonders in der letzteren, die jedoch hier nicht weiter angeführt zu werden brauchen.

    6. Schliesslich sind nun noch die Urkunden aus der Zeit vom 5. bis 7. Jahrhundert, die uns hier wie bei den Testamenten in den originalen Papyrusurkunden erhalten sind, zur Bestätigung und Veranschaulichung der bisherigen Ausführungen heranzuziehen. Es sind mehr als 30 Urkunden über Schenkungen, Kauf, Emphyteuse u. a., alle freilich mehr oder weniger verstümmelt, aber doch gerade in den Unterschriften mehrfach gut erhalten. Sie stammen meistens, jedoch nicht alle, aus Ravenna, sind zwar in den verschiedenen Bibliotheken Europas zerstreut, aber vereinigt herausgegeben und commentirt von Marini in seinen papiri diplomatici[1]), zum Theil mit genauen Fasimiles, oder wenigstens Proben der Handschrift.

    Die älteste der Urkunden ist eine Schenkung vom J. 471. Darin heisst es zuerst im Contexte selber:

> Hanc autem scripturam donationis Feliciano notario meo scribendam dictavi, eique relectae mauu propria subscripsi, etc.

Danach würden wir heutzutage als wirkliche Unterschrift nur noch den blossen Namen erwarten. Allein dies war einmal gegen die römische Anschauung. Daher lautet die wirkliche Unterschrift:

> Q. Theodosius — huic donationi a me dictatae et mihi relectae — consensi et subscripsi.

Ebenso heisst es in einer Schenkung vom J. 523[2]) in Ravenna erst:

> — donationem — scribendam dictavi, quam rogatorum a me testium et propriae manus meae subscriptione firmavi etc.

und darauf kommt nach dem 'Actum in classe' etc. die subscriptio selber:

---

    [1]) nro 83—132. Danach auch von Spangenberg in den Tabulae negotiorum. nro 20—62.

    [2]) Marini, p. 132. Spangenberg, p. 179.

Hildevara, inlustris femina, huic cessioni adque donationi
a me factae — ad omnia, quae superius tenentur adscripta, relegi, consensi et subscripsi, et testes ut subscriberent
conrogavi.

Ebenso wieder in einer Schenkung vom J. 587 [1]) erst:

Quam largitatis meae paginam — notario rogatorioque meo
scribendam mandavi, cuique subtus manu mea subscripsi,
et testibus a me rogatis obtuli suscribendum,

und dann nach dem „Actum Romae" etc.

Ego Gregorius — huic donationi a me factae — ad omnia
suprascripta relegi consensi et subscripsi et testes ut subscriberent rogavi.

In den Fällen, wo der Schenker nicht schreiben kann, wurde schon vor
Justinian das Zeichen des Kreuzes mit Unterschrift eines andern gemacht.
So in einer Schenkung vom J. 491 [2]), die von der Schenkerin selber dem
Magistrate von Ravenna zu Protokoll übergeben ist. In derselben, die
vor dem Gerichte vorgelesen wird, heisst es erst:

Chartulam Iovino notario meo scribendam dictavi, cuique,
quia ignoro litteras, signum feci, ad quod Castorium, earum meum, ut pro me subcriberet, conrogavi.

und dann nach dem 'Actum Ravennae' etc.

† signum Mariae donatricis. Fl. Castorius v. c. huic donationi rogante Maria, ipsa praesente, ad signum eius pro
ea subscripsi.

Ganz ebenso sind nun auch die Unterschriften der Zeugen, die massenweis in den Urkunden vorkommen. Am kürzesten sind sie in der eben
genannten Schenkung von 491, wohl darum weil diese ja überdies noch
dem Gerichte zu Protokoll übergeben werden sollte. Die Zeugen schreiben hier nur:

Fl. Gregorius v. c. huic donationi rogante Maria, ipsa praesente, testis suscribsi.

_____

[1]) Marini, p. 132. Spang. p. 196.
[2]) Marini, p. 130. Spangenberg, p. 173.

In einer Schenkung von 553 [1]) schreiben die Zeugen schon genauer:

Bassus, v. c., huic donationi rogatus a Runilone donatrice eiusque iugale, quibus me praesente relicta est et signa fecerunt, testis subscripsi, et me praesente est tradita donatio.

In andern Urkunden sind die Zeugenunterschriften viel weitläufiger, weil sie die Hauptgegenstände der Schenkung mit in das Zeugniss aufnehmen. Das Princip ist aber überall dasselbe, stets der Name voran und das 'testis subscripsi' am Ende, also immer gerade umgekehrt, als wir es machen würden.

Dasselbe Princip ist auch bei den Unterschriften der Notare (forenses, tabularii) eingehalten. Es ist feste stehende Formel, die sich in einer Menge Urkunden vom 5ten bis 7ten Jahrhunderte[2]) findet:

Ego N. N. forensis — hanc donationem — complevi et absolvi.

Der constante Gebrauch der beiden letzten Worte erinnert an die l. 17 C. de fide instr., wo Justinian sagt, die Urkunden sollten nicht anders gelten, „nisi instrumenta — subscriptionibus partium confirmata, et, si per tabellionem conscribantur, etiam ab ipso completa et postremo partibus absoluta sint.

Hier entspricht das „subscriptionibus partium confirmata" vollständig dem Ausdrucke der Urkunde „propriae manus subscriptione firmavi", ebenso das „ab ipso (tabellione) completa" dem obigen „complevi"; auffallend ist dagegen das „partibus absoluta." Krüger hat ein „a" eingeschaltet, allein dies passt zu den Urkunden nicht, da das 'complevi et absolvi' des Notars überall hinter den subscriptiones partium kommt und stets den Schluss der Urkunde bildet, somit für ein 'absolvi a partibus' gar kein Anhalt da ist. Den Urkunden nach kann das „absoluta" nur wie das „completa" auf den Notar bezogen werden. Man muss daher das „partibus" entweder als Dativ nehmen, 'für die Parteien', oder es ganz streichen, oder das „a partibus absoluta" als eine sinnlose Wiederholung des „subscriptionibus confirmata" ansehen.

---

[1]) Marini, p. 121. Spang. p. 183.
[2]) Spang. p. 182. 186. 194. 200. 208. 212. 217. 230. 278. 281. 286. 289.

Die bisher in Betreff der Unterschriften besprochenen Urkunden sind sämmtlich Schenkungen. Daraus darf man nicht etwa folgern wollen, dass für diese vielleicht etwas besonderes gegolten habe. Denn bei den Kaufcontracten, deren Schlussformeln uns mehr oder weniger vollständig überliefert sind, sind durchaus dieselben Formen der Unterschriften von den Parteien, den Zeugen und den Notaren angewendet, wie bei den Schenkungen. Bei den Zeugen ist nur hervorzuheben, dass sie in der Unterschrift regelmässig auch noch die Zahlung des Kaufpreises mit aufnehmen, z. B.

> Ego N. N. — testis subscribsi et XX solidos pretium ei in praesente adnumeratos et traditos vidi[1]).

VII.

Schluss.

Erst jetzt kann zum Schlusse der Ausführung nach Feststellung des positiven Materials auf die Frage eingegangen werden, was denn der letzte Grund der ganzen Erscheinung war, und wie man sie sich eigentlich zu erklären habe. Warum haben die Römer das Prinzip der Namensunterschrift in der alten Zeit gar nicht gehabt, es erst spät und langsam ausgebildet, und selbst zuletzt nie vollständig in der Weise angenommen, wie es bei uns schon früh bestanden hat?

Man wird zunächst geneigt sein, den Grund für die alte Zeit in der geringen Verbreitung der Schreibekunst zu suchen. Wo überhaupt nur wenige schreiben können, kann die Unterschrift keine allgemeine Sitte sein. Das ist unzweifelhaft, allein es drängt sich dann die Frage auf, warum man nicht wenigstens durch Zeichen die Unterschrift zu ersetzen suchte, was dann von selbst später bei grösserer Verbreitung der Schreibekunst zur Unterschrift selber geführt haben würde. Homeyer[2]) sagt von der germanischen Sitte bis zum 13. Jahrhunderte: „Wer bei einer

---

[1]) Spang. p. 257. Ebenso p. 241. 248. 262—3. 269—71. 277. 281. 285. 290.
[2]) Die Haus- und Hofmarken S. 12.

Urkunde thätig ist, sei es als Aussteller, als Zeuge, als consentirend, beglaubigend, der bekräftigt nach germanischer Sitte seinen Willen irgendwie mittels der Hand, manufirmatio". Er bestimmt dies an einer andern Stelle (S. 223) näher dahin: „in der germanischen Zeit wurde, um die bei einer Urkunde Betheiligten kund zu geben, zwischen Namenszug und signum unterschieden; den Namen setzte — bei der seltenen Schreibfertigkeit — der notarius hin, während das signum, also namentlich das Kreuz, eigenhändig vollzogen, und hierin die eigentliche Kraft gelegt wurde".

Warum findet sich keine Spur einer ähnlichen Sitte bei den alten Römern? Und warum finden sich selbst am Ende der Republik, wo die Schreibekunst doch im eigentlichen Rom ziemlich weit, und namentlich bei allen Gebildeten vollständig, verbreitet war, auch noch nicht einmal die Anfänge der Einführung der Unterschrift? Man wird den Grund doch etwas tiefer suchen müssen. Den nächsten Anhalt bietet dann die eigenthümliche Bedeutung, die das gesprochene Wort, die Wortformel, im alten römischen Rechte hat. 'Uti lingua nuncupassit, ita ius esto', ist das Grundprincip der XII Tafeln für Verträge wie für Testamente. In wie weitem Umfange danach die gesprochene Wortformel auch später noch alle rechtlichen Geschäfte beherrschte, Stipulationen, Mancipationen, Testamente, Processe u. s. w., ist bekannt. „Nisi utroque loquente, stipulatio non potest confici", sagt noch Ulpian [1]). Im deutschen Rechte findet sich nichts ähnliches.

Daraus folgte von selbst, dass eigentliche Dispositiv-Urkunden dem alten Rechte ganz fremd waren, also eigentliche Erklärung des Willens durch Unterschrift, oder Vollziehung von Rechtsgeschäften durch Unterschrift, gar nicht vorkommen konnten. Darum sind schriftliche Aufzeichnungen und Urkunden über Rechtsgeschäfte anfangs, und zwar lange Zeit, jedenfalls bis nach den XII Tafeln, gar nicht üblich gewesen, und wo sie zuerst aufgesetzt wurden, geschah es nur zur Erleichterung und Sicherung des Beweises. Zwischen der uns zuerst näher bekannten germanischen Zeit und der ältesten römischen Zeit ist eben der wesentliche Unterschied, dass bei den Römern die Schrift in den ersten und rohesten

---

[1]) D. 45, 1, 1 pr.

Anfängen stand, die Germanen sie dagegen damals von den Römern, besonders durch die Geistlichen, schon vollständig ausgebildet überliefert bekamen.

Eben darum hatten auch die Beweisurkunden in Rom anfangs einen anderen Charakter als bei uns. Denn wenn das gesprochene Wort die Hauptsache ist, und den eigentlichen formellen Abschluss des Vertrages oder Testamentes bildet, so kann die einfach von den Parteien unterschriebene Urkunde überhaupt kein volles Beweisdocument sein. Dann muss vielmehr wer sich den Beweis sichern will vor allen Dingen Zeugen zuziehen, die das ausgesprochene Wort hören und darum nachher bezeugen können, dass es gesprochen ist. Die Schrift kann das Wort nie unmittelbar beweisen. Die Unterschreibung eines schriftlichen Vertrages oder Testamentes kann wohl beweisen, dass man mit dem Inhalte desselben einverstanden ist, nicht aber dass die Worte der Stipulation von beiden Contrahenten oder die der Nuncupation vom Testirer wirklich ausgesprochen sind. Abgesehen von Geständniss ist dieser Beweis nur durch Zeugen, die die Worte gehört haben, möglich. Doch aber war ohne ihn weder die Stipulation noch das Testament gültig. Somit war die Zuziehung von Zeugen zur Sicherheit des Beweises unerlässlich. Die Schrift konnte nur zur Unterstützung des Zeugenbeweises bei weitläufigerem Inhalte des Vertrages oder Testamentes dienen, indem man den specielleren Inhalt in der Schrift fixirte, und ihn dann im Ganzen als solchen vor den Zeugen in die Stipulation oder Nuncupation aufnahm, z. B. 'haec quae supra scripta sunt, ea ita dari fieri — spondes'?[1]) oder 'Uti in his tabulis scriptum est, ita do, ita lego' etc.[2]). Wenn dann die Zeugen die Worte in Beziehung auf die Schrift bezeugten, war nun der Beweis durch die Verbindung von beiden vollständig hergestellt. Dann aber war auch kein Bedürfniss, dass die Urkunde von den Parteien oder einer derselben unterschrieben wurde. Denn eine solche Unterschrift hätte nur als Geständniss wirksam sein können, dieses wäre aber neben den Zeugen überflüssig, ohne die Zeugen unbeweisend gewesen, wenigstens abhängig von Anerkennung sowohl der Unterschrift selber als der Unverfälschtheit der Urkunde.

---

[1]) D. 17, 2, 71 pr.
[2]) Gai. 2, 104.

Aber auch die Unterschrift der Zeugen war nicht nöthig und wäre nutzlos gewesen. Denn ein schriftliches Zeugniss war von jeher unbeweisend, es musste stets mündlich und eidlich abgelegt werden. Die Zeugen mussten daher später, wenn es zum Beweise kam, doch jedenfalls citirt werden, und ihre entsprechenden Aussagen machen. Das, worauf es bei der Verbindung von Schrift und Zeugen ankam, war daher nur dreierlei:

1. den aufgeschriebenen Inhalt des Vertrages oder Testamentes vor Fälschung zu sichern;

2. die Kenntniss der Zeugen, die zugezogen waren, für den späteren Beweis bequem und sicher zu machen;

3. den Zeugen für die Abgabe des mündlichen Zeugnisses die Gewissheit der Identität der dann und der früher ihnen vorgelegten Schrift sicher zu stellen.

Alle drei Zwecke erreichte man nun einfach und auf ein Mal, wenn man die Zeugen die Urkunde zusiegeln liess, und dann ihre Namen neben ihre Siegel geschrieben wurden, einerlei ob von ihnen selber oder einem andern.

Dann konnten sie danach später beim Beweise citirt werden, um ihre Siegel eidlich zu recognosciren und damit die Ächtheit, Unverletztheit und Unverfälschtheit der Urkunde zu constatiren. Wer die Namen geschrieben hatte, war für diesen Zweck ganz gleichgültig. Nicht ihre Handschrift sondern das Zusiegeln gab die Sicherheit. Diese war aber auf diese Weise ohne alle Unterschriften so weit erreicht, als sie überhaupt durch Zeugen möglich ist. Höchstens konnten die Parteien noch, wie oben S. 46—48 ausgeführt ist, selber mit zusiegeln, um jede Fälschung durch Collusion mit den Zeugen auszuschliessen. Ihre Unterschrift aber hätte gegen die Fälschung keine Garantie gegeben und darum keinen Werth gehabt.

Dass aber die Verhütung von Fälschungen die Hauptrücksicht bei dem ganzen Zusiegeln war, ist schon oben S. 47 hervorgehoben und erklärt sich leicht, wenn man die Mangelhaftigkeit des Materials dieser Wachstafeln in Erwägung nimmt. Diese Einkritzelungen in Wachs zu ändern und zu fälschen war natürlich ungleich leichter als Dintenschrift auf Papier oder Pergament zu fälschen. Für wie leicht man es hielt, deutet

Cicero an, wenn er von der gesetzlichen Vorschrift, die Beweisurkunden im Criminalprocesse zu versiegeln, sagt:

Ne corrumpi tabulae facile possint, idcirco lex obsigna-
tas in publico poni voluit.

denn dass dabei das 'corrumpi' nicht Zerstörung sondern Fälschung bedeutet, zeigt die Anwendung auf den ihm vorliegenden Fall des Flaccus:

Sed fuerint incorruptae litterae domi! Nunc vero quam
habere auctoritatem aut quam fidem possunt? — obsiguan-
tur corruptae!

Nur Ein Bedenken könnte man gegen dieses ganze Beweissystem
und die Entbehrlichkeit der Unterschriften einwenden, nämlich dass durch
die Nothwendigkeit der Recognition der Siegel von den Zeugen der spätere Beweis bei Entfernung oder gar Tod der Zeugen gar zu sehr habe
erschwert ja ganz unmöglich gemacht werden können. Das war allerdings ganz unzweifelhaft der Fall. Urkunden mit blossem Privatzeugniss
sind aber überhaupt für Verhältnisse von langjähriger Dauer immer von
unsicherem Werthe, absolute Sicherheit geben nur öffentliche Urkunden,
und deshalb ist auch in der Kaiserzeit bei der grösseren Complicirtheit
der Verhältnisse die gerichtliche Aufnahme von Rechtsgeschäften möglich
gemacht. Den älteren Rechtsverkehr muss man sich eben einfacher und
kurzathmiger und mit schnellerer Benutzung der Beweismittel denken, so
dass man mit den blossen Privatzeugnissen ausreichte. Später wurde das
anders. Die Kirche namentlich, von der ja hauptsächlich die vielen gerichtlichen Urkunden der späteren Zeit herrühren, hat sehr wohl gewusst,
warum sie die neue öffentliche Form der alten privaten vorzog. Mommsen[1]) hat sich durch jene Schwierigkeiten zu der Annahme bestimmen
lassen, es habe sich „im Anschlusse daran der Rechtssatz gebildet, dass
eine von sieben Personen unter ihrem Siegel gleichförmig abgegebene Erklärung, auch ohne dass sie die Siegel recognoscirten, wofern die Siegel
unverletzt waren, zum Beweise einer Thatsache ausreiche". Allein ein
solcher Rechtssatz besteht weder bei uns, noch hat er, so viel ich sehe,
in Rom bestanden. Auch ist er juristisch nicht wohl zu begründen; denn
eine Urkunde mit Privatzeugen ist eben immer nur eine Privaturkunde,

---

[1]) Verhandlungen der Sächs. Gesellschaft der Wissensch. 3, 376.

und eine Privaturkunde kann nie sich selber beweisen; das können nur
die öffentlichen wegen der publica fides ihrer Aussteller und ihrer Form.
Bei Privaturkunden muss die Ächtheit der Unterschriften und der Siegel,
der Parteien selber wie ihrer Zeugen, stets erst anderweitig bewiesen
werden, da sie an sich nicht die geringste Garantie ihrer Ächheit haben,
und daher von Jedermann auf die einfachste Weise fälschlich gemacht
werden können, und dies musste in ganz besonderem Grade bei den römischen Urkunden gelten, so lange nicht einmal die eigenhändige Beifügung des Namens zu dem Siegel nöthig war. Indessen hat der Satz auch
in der späteren Zeit, wo die eigenhändigen weitläufigen Unterschriften
der Zeugen nöthig oder wenigstens üblich waren, nicht gegolten. Wir
haben darüber Belege aus allen Zeiten des Kaiserthums. Ulpian[1]) und
Paulus[2]) sagen bei der Testamentseröffnung, sie dürfe nicht anders vorgenommen werden, als wenn die 'maior' oder 'maxima pars signatorum'
ihre Siegel recognoscirt habe; Ulpian[3]) beruft sich deshalb auf einen
Ausspruch von Labeo, die Zeugen müssten, wenn sie der Ladung des
Prätors nicht nachkämen, von ihm gezwungen werden, und Gajus[4]) sagt,
den abwesenden Zeugen müsse unter Umständen das Testament zur Recognition ihrer Siegel zugeschickt werden, in Nothfällen könne es zwar
vorläufig vom Prätor eröffnet werden, es müsse dann aber doch nachher
den Zeugen zur Recognition vorgelegt werden.

Selbst zu Justinian's Zeit, wo bei den Testamenten die eigenhändige
Unterschrift der Zeugen gesetzlich vorgeschrieben war, machte die Un-
möglichkeit der Recognition durch Tod noch grosse Schwierigkeit und
veranlasste Justinian in Nov. 73 c. 7 für diesen Fall die Schriftenvergleichung als Ersatz der Recognition vorzuschreiben. Alle dieses wäre
nicht möglich gewesen, wenn einfach die 7 Siegel zum Beweise ausgereicht
hätten. Dass vorläufig aus einem Testamente mit 7 Siegeln bonorum
possessio und später die missio Hadrianea gegeben wurde, steht natürlich
nicht entgegen, ebensowenig, dass bei öffentlichen oder in öffentlichen

---

[1]) D. 29, 3, 6.
[2]) Rec. sentent. 4, 6, 1.
[3]) D. 43, 5, 3, 9.
[4]) D. 29, 3, 7.

Archiven deponirten Urkunden eine von Zeugen versiegelte Abschrift vorläufig und unter Vorbehalt der Collationirung als ächt und beweisend angesehen wurde. Auf diesem Principe beruht die Stelle von Apulejus [1]), also aus dem zweiten Jahrhundert:

> Pater natam sibi filiam more caeterorum professus est; tabulae eius partim tabulario publico, partim domo asservantur. — linum consideret, signa, quae impressa sunt, recognoscat etc.

Ebenso die Siebenbürger Wachstafel über die Auflösung des collegium funeraticium [2]), in der es im Eingange heisst: 'Descriptum et recognitum factum ex libello, qui propositus est Alburno maiori ad stationem Resculi, in quo scriptum est id, quod infra scriptum est'. Das gleiche Princip ist bei allen s. g. Militärdiplomen [3]).

Keine Abweichung von der Unzulänglichkeit versiegelter Urkunden ohne Recognition enthalten dagegen die Stellen bei:

Cic. p. Quintio. c. 6. 61.

> Testificatur iste, Quintium non stitisse; tabulae signis hominum nobilium consignantur.

> — viros bonos complures advocat, testatur, se — petere etc. Eius rei tabellas obsignaverunt viri boni complures.

da hier von der Beweiskraft noch nichts gesagt ist; ebensowenig steht die Bestimmung der Statuten des collegium funeratitium Lanuvinum [4]) entgegen, wonach beim Tode eines Mitgliedes über 20 Meilen von Rom:

> is, qui eum funeraverit, testator rem tabulis signatis sigillis civium romanorum VII, et probata causa funeratitium eius — dari sibi petito a collegio.

Denn in den Worten 'et probata causa' ist hier die Nothwendigkeit eines vollen Beweises vorbehalten.

---

[1]) Apolog. s. de magia oratio. c. 89.
[2]) Fontes, p. 225. nro 5.
[3]) C. I. L. 3, 843—919. Fontes, p. 177—180.
[4]) Fontes, p. 220. uro 3. 1, 30.

Durch die bisherigen Ausführungen ist für die Stipulations- und Testamentsurkunden der Mangel der Unterschrift wohl in ausreichender Weise erklärt. Bei anderen Geschäften und Urkunden, besonders Empfangscheinen, Quittungen und dergl. fällt allerdings die Erklärung aus dem Erfordernisse des gesprochenen Wortes weg, indessen traten die allgemeinen Gründe, die zu der Triptychen-Form führten, doch auch hier ein. Allerdings hätte man einen Empfangschein, z. B. so wie den Depositalschein in den Siebenbürgischen Wachstafeln: [1)]

> Den. quinquaginta L. commendatos Lupus Carentis dixit se accepisse, et accepit a Julio Alexandro, quos ei reddere debebit sine ulla controversia.

unzweifelhaft an sich grade eben so gut wie bei uns mit Unterschrift ausstellen können [2)]. Wollte man sich aber gegen Fälschung der Summe sichern, und dass man es für nöthig hielt, zeigt hier schon das doppelte 'quinquaginta' und 'L', so hatte man kein anderes Mittel als Zusiegelung der Schrift. Dann aber war es natürlich, dass auch der Gegner Sicherung seines Beweises verlangte, und dann verstand es sich von selbst, dass man die allgemein bekannte und gewöhnliche Zusiegelung von Zeugen in der Triptychenform ohne Unterschrift der Parteien zur Anwendung brachte. Anders steht die Frage im öffentlichen Rechte bei den Gesetzen, amtlichen Verfügungen und kaiserlichen Constitutionen. Hier brauchte man weder Wachstafeln noch Zeugen. Die publica fides der Beamten und der amtlichen Publicationen reichte hier aus. Hier müssen daher andere Gründe massgebend gewesen sein. Eine so specielle Begründung wie im Privatrechte möchte hier aber überhaupt wohl nicht möglich sein, und man wird auf die allgemeine Volks- und Lebenssitte recurriren müssen. Man kann zwar sagen, bei den Gesetzen sei keine Unterschrift nöthig gewesen, weil sie nicht schriftlich erlassen, sondern vom Volke selber mündlich beschlossen wurden, und mit der Abstimmung selber ihre Kraft erlangten. Allein es ist schon oben gezeigt, dass für die nachherige Pu-

---

[1)] C. I. L. 3, 949. XII. Fontes. p. 190, V.
[2)] Nämlich: „Unterzeichneter L. C. bekennt, 50 d. von J. A. empfangen zu haben. L. C.“

blication Unterschriften doch ganz wohl möglich ja sogar recht zweckmässig gewesen wären. Ebenso bei den Beschlüssen des Senats, der
Decurionen u. s. w. Bei den Verfügungen der Beamten und den Constitutionen der Kaiser kann man den Mangel der Namensunterschriften
zwar darauf gründen, dass sie in der Form von Briefen erlassen wurden,
und bei diesen keine Namensunterschrift üblich war. Allein dann kommt
man nur auf die weitere Frage, warum denn in den Briefen der Name
nicht wie bei uns unten sondern oben hingeschrieben wurde. Warum
schrieb man von Anfang bis zuletzt nicht wie bei uns eine Anrede über
den Brief und den Namen unten an's Ende, sondern stets den Namen
oben an mit dem bekannten 'Ille illi salutem', nur später bei Briefen an
den Kaiser umgekehrt 'Illi ille salutem'? [1]). Directe Anreden im Contexte der Briefe kommen doch mehrfach vor. Cicero hat sie zwar selten, aber in den Briefen an seinen Bruder schaltet er doch öfter ein:
'mi frater', 'mi suavissime et optime frater', 'mi carissime frater' u. s. w.
ein Brief fängt an „Mi frater, mi frater tune veritus es" etc. [2]) In den
Pandekten fängt ein Brief einer Frau an ihren Mann so an: 'Cum petenti
mihi, domine carissime, adnuerit indulgentia tua' etc. [3]), ein Brief
an den Kaiser: Κύρι βασιλεῦ Ἀντωνίνε [4]) In dem obigen Briefe des Papstes
Johannes an Justinian wird ebenso eingeschaltet: 'gloriossissime impe-
rator', 'christianissime principum.' So gut wie diese Anreden in den
Brief eingeschaltet sind, hätten sie auch wie bei uns darüber gesetzt
werden können. Ein bestimmter Grund, warum es nicht geschah, wird
sich schwerlich aufstellen lassen. Es bleibt eben bei allen Erklärungen
solcher Erscheinungen der Sitte und des Volkslebens fast immer noch
ein letzter Rest übrig, der eben nicht erklärt werden kann, der unmittelbar aus der Eigenart und dem besonderen Gefühle des Volkes stammt,
und danach in der Gewohnheit mit zäher Festigkeit erhalten wird, ohne
dass sich eigentliche Gründe der Nothwendigkeit dafür nachweisen liessen.

---

[1]) z. B. 'Theodosio Symmachus' oder 'Gloriosissimo et clementissimo filio Justi-
niano Johannes episcopus'. C. 1, 1, 8.

[2]) Cic. ad Q. fratrem 1, 3. 4; 3. 7. 8. 9.

[3]) D. 24, 1, 57.

[4]) D. 14, 2, 9.

So wird man es daher wohl nie eigentlich erklären können, warum die
Römer so zähe an der Sitte, den Namen nicht ans Ende sondern an den
Anfang zu schreiben, festhielten, dass sie auch in später Zeit, als die
Unterschriften längst üblich ja nöthig waren, bei ihren Testamenten und
Protokollen nie so wie wir schrieben:

> Gelesen, genehmigt, unterschrieben
>
> N. N.

sondern stets und ausnahmslos nur so:

> Ego N. N. legi, consensi, subscripsi.